ビジネスのための
経営統計学入門

西　敏明　[著]

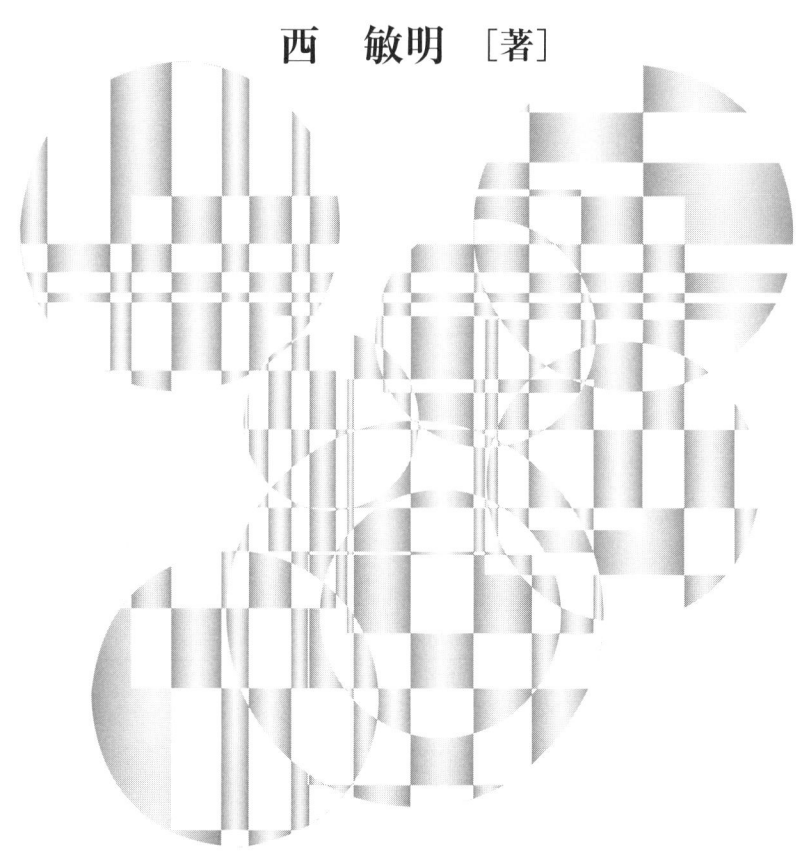

日科技連

- **商標，登録商標**
 ― Microsoft Windows，Microsoft Excel は，米 Microsoft 社の登録商標です．
 ― JUSE-StatWorks は，㈱日本科学技術研修所の登録商標です．
 ― R は，The R Foundation の商標または登録商標です．
 ―その他，本文中の社名・製品名はそれぞれの会社の商標または登録商標です．本文中には TM マークなどを明記していません．
- **免責事項**
 ―本書に記載されている手順などの実行の結果，万一障害などが発生しても，著者および日科技連出版社は一切の責任は負いません．お客様の責任のもとでご利用ください．
 ―本書に記載されている情報は，特に断りのない限り，2011 年 4 月 6 日現在のものです．それぞれの内容につきましては，予告なく変更されている場合があります．

はじめに

　企業では経営活動を続けているが，日々問題・課題にぶつかり戦略を練る毎日であろうことかと思う．社員は日々日常業務を行い，製品・サービスを介して顧客へ価値提供をおこなっている．このことを考えると，「的確に情報を収集し，分析を効率的に進めることはできないか」と考える機会も多い．
　品質管理・品質経営は，製造業をはじめ，多くの企業で推進され，様々な改善活動が実践されていることと思う．筆者は大学をベースとして，品質管理の講義をさせていただくこともあって自身も大変勉強になる場合が多い．多くの場合，講義内容の要望は，統計的手法に対するスムーズな理解，実務への適用の仕方，固有技術と統計的手法の融合という3つに大別される．
　1つ目の統計的手法に対する理解は，昨今のコンピュータの発展でわかるようにひとつはExcelを使った方法で推進される．2つ目の実務への適用の仕方は，どのようにして自分の業務に結びつけ，判断や方向性の一助として適用することができるかである．3つ目の固有技術と統計的手法の融合は，仮説に基づき，実験や調査全体のデザインを考え，検証していくかである．
　上記のことは，従来から品質管理を導入している組織であれば理解しやすいが，営業やマーケティングなど品質管理を導入していない部門・組織・企業では難しい課題となる場合も多い．
　本書は，サービス産業をはじめ，営業やマーケティングなどで得られるデータを解析するための方法について述べていく．本書の特長として，次の4点が挙げられる．
　1) ビジネスデータを解析するうえでの，統計的手法の基礎を解説する．
　2) 身近なデータとしてインターネットを活用し，基礎的なマクロデータから経営データへ変換する見方・考え方を身につけ，経営戦略に役立てることを解説する．
　3) 品質経営と経営学の関係性について解説する．

4) 経営をうまく進めていくための統計的手法の活用について解説する．
さらに，上記4)の背景として重要な点が，次の3点である．
① 経営統計・ビジネス統計に関するデータを解析すること．
② 品質管理的(以下，QC的と表現)ものの見方・考え方からのアプローチ．
③ インターネットから得られるデータの考え方と企業における市場調査との関係の把握．

この3つの背景について大きな流れでいうと，現状把握の意味で外部環境(市場，顧客)と内部環境(従業員，リソース)の両側面からのデータ収集の重要性，次にその両側面の収集されたデータについて，QC的ものの見方・考え方をすることによりモノ・コトの視点を明らかにし，解析して，モノ・コトの傾向や方向性をつかみ，予測をすることである．最近，IT(Information Technology)とグローバル化により外部環境の変化は急速である．顧客の要求品質も多様になってきた．それに対応するため内部環境も大きく変わってきている．このことから上記の3つの背景は必要であるし，そのためにも本書が参考になればと思う．

執筆にあたり，日科技連出版社 取締役 戸羽節文氏には，最後まで筆者の筆の遅さに粘り強く待っていただき，さらに心強く励ましていただき，心より感謝申し上げます．

2011年4月7日

岡山商科大学 経済学部

教授　西　　敏　明

目　　次

はじめに　iii

第 1 章　ビジネスと統計 ——————————————————— 1
1.1　ビジネス，経営とは　2
1.2　数字の必要性と判断　2
1.3　統計的方法　4
　1.3.1　母集団とサンプル　4
　1.3.2　統計量　6
　1.3.3　分布の中心位置についての統計量　6
　1.3.4　分布のばらつきについての統計量　8
　1.3.5　分析ツールによる統計量の計算　11
　1.3.6　対になったデータの関係を表す統計量　13

第 2 章　Web からのマクロデータの取得 ————————— 17
2.1　統計調査とビジネスデータ　18
2.2　QC 的ものの見方・考え方から見たデータの取得　20
2.3　ビジネスデータの視覚的表現　21

第 3 章　経営データへの変換 ————————————————— 27
3.1　マーケティングと経営データ　28
3.2　市場動向調査　29
3.3　財務諸表と経営分析　31
3.4　株価分析　34

第4章 データ分析 —基礎編— 35

4.1 データ(数値, 数値化, 言語)のまとめ方 36
   4.1.1 計数値データの性質とまとめ方 36
   4.1.2 数値化データの性質とまとめ方 51
   4.1.3 言語データの性質とまとめ方 52
4.2 データのグラフ化と視覚化 55
4.3 ビジネスにおける確率と統計 57
4.4 統計的推測と判断 58
   4.4.1 検定 58
   4.4.2 推定 61
4.5 Excel 関数について 62
   4.5.1 正規分布の関数について 64
   4.5.2 t 分布の関数 67
   4.5.3 χ^2 分布の関数 69
   4.5.4 F 分布の関数 69

第5章 データ分析 —中級編— 71

5.1 検定と推定 72
   5.1.1 例題1(1つの母平均に関する検定・推定:母分散既知) 72
   5.1.2 例題2(1つの母分散に関する検定・推定) 74
   5.1.3 例題3(1つの母平均に関する検定・推定:母分散未知) 76
   5.1.4 例題4(2つの母分散の比に関する検定と推定) 78
   5.1.5 例題5(2つの母平均の差に関する検定と推定) 80
   5.1.6 例題6(対応のある2つの母平均の差に関する検定と推定) 82
5.2 分散分析 84
   5.2.1 分散分析の背景と概念 85

5.2.2　一元配置分散分析　89
　　5.2.3　繰り返しのある二元配置分散分析　92
　　5.2.4　繰り返しのない二元配置分散分析　106
5.3　相関と回帰　110
　　5.3.1　相関分析　110
　　5.3.2　回帰分析　119

第6章　データ分析 ―上級編― ―――――― 129
6.1　分析ツールによる回帰分析の適用　130
6.2　重回帰分析　130
　　6.2.1　層別因子を含む回帰分析（重回帰分析）　134
6.3　主成分分析による解析　141

第7章　経営と統計の融合の必要性 ―――――― 145
7.1　経営における統計的考え方の必要性　146
7.2　データの解析の進め方　146
7.3　経営と統計の融合　147

付　録　149

付　表　156
　1．正規分布表（Ⅰ）：156　　5．χ^2表：159
　2．正規分布表（Ⅱ）：157　　6．F表（5%，1%）：160
　3．正規分布表（Ⅲ）：157　　7．r表：162
　4．t表：158

参考文献　163
索　引　165

第1章

ビジネスと統計

　経営規模の大小や扱っている製品，もの，サービスを問わず，数値データやそれに類するものは多くある．データを活用し，有効に経営判断に活かすことが重要である．

　本章では，ビジネスの基本事項と統計的方法の基礎的事項に重点を置き，ビジネスの現場での統計の関係について述べる．

1.1 ビジネス，経営とは

『広辞苑第六版』によると，「経営」とは，「継続的・計画的に事業を遂行すること．特に，会社・商業など経済的活動を運営すること．また，そのための組織」と書かれており，「ビジネス」は，「仕事．実務．事業．商業上の取引」と書かれている．企業は，何らかの形で顧客に価値を提供し，その価値から利益を確保して，顧客に新たな価値を提供する再生産サイクルを回している．その仕組みを推進するために企業は，これから進めていく方針を定めて，その方針を進めていくことのできる組織を構築し，方針から派生する目的を達成する．この推進組織を継続的・持続的に行うことが必要である．多くの場合は会社事業を営むことをさす．

昨今の経営環境の大きな変化として，例えば，新興国市場の拡大，グローバル化，様々な分野へのITの推進などが挙げられる．経営の対象となる組織は企業だけでなく，行政，教育，医療など，幅広く事業を営むということから組織体も包含している．ビジネスの対象とする目的は経営者によって決められるが，その目的達成のアプローチ方法は様々である．市場や環境に応じた価値提供がされていれば企業は成長するし，対応していなければ縮小もしくは淘汰されていく．

以上のことについて概要をまとめると，図1.1のようになる．この図における企業の位置付けを理解し，顧客，外部環境に対応していかないと，前述のように企業自身が淘汰される．

1.2 数字の必要性と判断

ビジネスを進めていく上で，判断を迫られる場合は数多くある．結果として，「あのときは世の中の動向が〇〇だったので，△△と判断した」という場面が多いのではないだろうか．この〇〇が重要な根拠となる．振り返ってみると，非常に詳細な分析の結果の場合もあれば，従来の経験から判断する場合もある

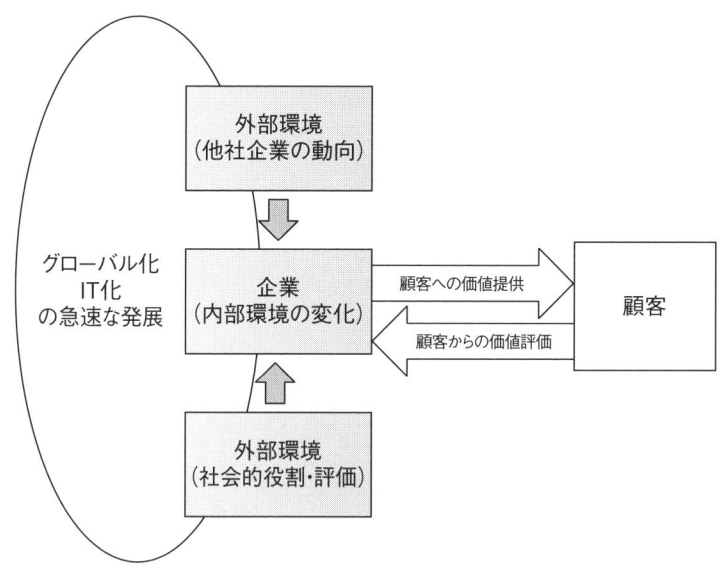

図 1.1 企業と外部環境，顧客との関係

のではないだろうか．

　本節でいう「数字」は，データに関することを意味する．現場で「数字でものをいえ」とか，「あの数字はどうなっている？」などと表現される．現象や予測について，情報として数字を知りたい場合が多い．長年の経験から判断するだけでは，数値の根拠が弱い．その場合，社会情勢・環境や需給を加味して，「おそらく□□の方向になるだろう」と判断する．常に数値的根拠により判断をすると，比較的事象が把握しやすい．これは判断の背景・論理的根拠を必要としていることを述べている．

　また，数字または数値といっても，目的に合わせてデータをとらなければならない．これは，日常，業績関連の情報として得られるデータもあれば，工夫をしてデータを採取しないといけない場合もあるからである．ある電器製品の売上高が向上した場合，理由として単純構造もあれば複合的な構造も多い．こ

のことからデータを採取して，判断するための論拠が必要になる．判断の基準として，固有技術とともに確率論をベースとした統計的方法を適用した結果を利用する．

1.3 統計的方法

本節では，以降の章の各手法を理解するうえで必要となる統計解析の基礎的な事項について説明する．

1.3.1 母集団とサンプル

必要な情報を得るために，統計解析を行う．必要な情報とは，対象となる「もの」や「こと」である．統計解析で扱うデータの背後にある多数のデータの集団を**母集団**という．母集団のデータをすべて調べるのは難しい場合が多いので，そこから一部のデータをとってくる．これを**サンプル**または**試料**という．

サンプルを構成するデータの数を，**サンプルの大きさ**（サンプルサイズ）という．サンプルのとり出し方はランダム（無作為）が基本である．そうでないとデータに偏りが出てくる可能性があるからである．そのサンプルは母集団を代表するものとなるので，母集団を推測するための手がかりとして用いることができる．母集団からの取り出し方がランダムであるというのは，母集団に属するすべてのサンプルについて，それらが取り出される確率が等しい場合で，この状況を満たすサンプルを**ランダムサンプル**という．母集団からランダムにサンプルをとり出すことを**ランダムサンプリング**という．ランダムサンプルのことを単にサンプルという場合が多い．

母集団とサンプルの関係について，5つの例を挙げる．

　　［例1］　テレビ局のある番組の視聴率を推測する場合，母集団はその番組を視聴できるすべての世帯であり，サンプルは視聴者の中からランダムに選んだモニターの世帯である．

[例 2] 日本に住んでいる成人の飲酒率を推測する場合，母集団は日本に住んでいる全成人であり，サンプルは選んだ数の成人である．

[例 3] あるテーマパークで来場者のリピート率を推測する場合，母集団はこのテーマパークに来たことのある人たちであり，サンプルはこの調査の対象者である．

[例 4] あるホテルの満足度調査をする場合，母集団はこのホテルを利用したお客様であり，サンプルはこの調査の対象者である．

[例 5] 電機量販店と共同開発したテレビ 100,000 台の不良率を調査する場合，母集団は 100,000 台であり，サンプルはランダムに抜きとった 100 台の製品である．

母集団からサンプルをとり，そこから得られるデータを統計解析して必要な情報を得て，その情報に基づいて母集団に処置・対策を講じるプロセスは，**図 1.2** のように表すことができる．母集団の形，すなわち分布については 2.3 節で述べる．

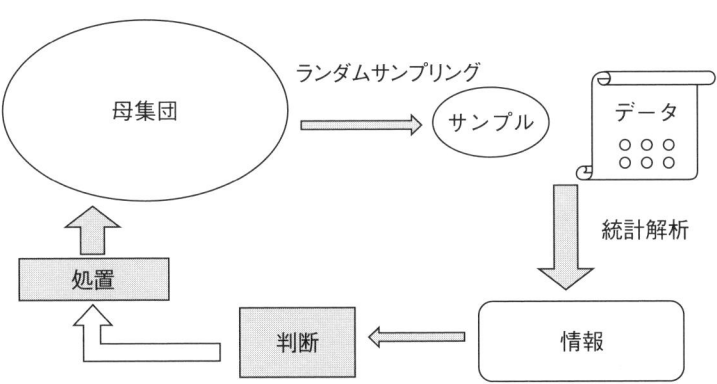

図 1.2 母集団からのデータに基づく処置・対策のプロセス

1.3.2 統計量

母集団分布の性質として知りたいことは，通常次の3点である．
① 母集団分布の中心位置．
② 母集団分布のばらつき．
③ 母集団分布の形．

母集団分布の性質を知るには，母集団からのランダムサンプルのデータを用いて**統計量**(statistic)を求める必要がある．統計量とは，一般に「確率変数の関数であって未知の母数を含まないもの」をいう．統計量としては，平均値や標準偏差がよく知られている．

母集団分布の性質を知るために用いる主な統計量について，その計算式とExcelの関数を用いた方法を以下に示す．

計算式は，サンプルの大きさが n のデータをそれぞれ $x_1, x_2, \cdots, x_i, \cdots, x_n$ とおき，計算の仕方は，表1.1に示すデータで説明する．表1.1のセルの1行目は x_i の i 番目のデータであることを示し，2行目はデータを並べてある．

Excelの関数を用いた計算は，表1.1に示すように［B2］から［K2］に入力したものを用いて説明する．本書では，例えばA列1行目のセルを［A1］と表記する．

表 1.1　統計量計算用のデータ

	A	B	C	D	E	F	G	H	I	J	K
1	No.	1	2	3	4	5	6	7	8	9	10
2	データ x	5	7	10	11	12	8	9	14	3	8
3											

1.3.3　分布の中心位置についての統計量

（1）平均値(average, mean)

平均値 $\bar{x}$ は次式で求められる．

$$\bar{x} = \sum x_i / n \tag{1.1}$$

表1.1のデータの平均値 $\bar{x}$ を求めると，次のようになる．
$$\bar{x} = \sum x_i / n = (5+7+10+11+12+8+9+14+3+8)/10 = 87/10 = 8.7$$

> Excelの関数を用いて，平均値を求める．
>   =AVERAGE(範囲)
> [例]=AVERAGE(B2:K2)・・・8.7

（2） 中央値(median)

中央値 Me はメディアンともいわれる．$\tilde{x}$ と表記される場合もある．次式によって求められる．

$$Me = \text{データ数が奇数ならばデータを大きさの順に並べたときの中央の値，データ数が偶数ならば中央の2つの値の平均値} \quad (1.2)$$

表1.1のデータを値の小さい方から順に並べなおすと，

　　3, 5, 7, 8, 8, 9, 10, 11, 12, 14

となる．表1.1のデータ数(n)は10である．以下，データ数を表す場合は，$n=10$ と表現する．データ数が偶数個なので，中央に位置するデータは8と9である．中央値 Me を求めると次のようになる．

$$Me = (8+9)/2 = 17/2 = 8.5$$

> Excelの関数を用いて，中央値を求める．
>   =MEDIAN(範囲)
> [例]=MEDIAN(B2:K2)・・・8.5

（3） 最頻値(mode)

最頻値 $mode$ はモードともいわれる．次式によって求められる．

$$mode = \text{出現度数が最大になる値} \quad (1.3)$$

表1.1のデータのように，データ数が少ない場合に最頻値を求めても意味は

ない．しかし，簡単な計算例として求める．

$mode = 8$

> Excelを用いて最頻値を求めるには，次の関数を用いる．
> 　　=MODE(範囲)
> [例]=MODE(B2:K2)・・・8

1.3.4 分布のばらつきについての統計量

（1） 平方和(sum of squares)

平方和 S は次式で求められる．

$$S = \sum (x_i - \bar{x})^2 \tag{1.4}$$

(1.4)式から誘導して，次式を用いる場合が多い．

$$S = \sum x_i^2 - (\sum x_i)^2/n \tag{1.5}$$

(1.5)式の$(\sum x_i)^2/n$ を修正項(CT, correction term)と表現する．平方和を求めたとき，$n-1$ をその自由度(ϕ, df, degree of freedom)という．

表1.1のデータから平方和 S を求める．

$$\sum x_i^2 = 5^2+7^2+10^2+11^2+12^2+8^2+9^2+14^2+3^2+8^2 = 853.0$$
$$(\sum x_i)^2/n = (5+7+10+11+12+8+9+14+3+8)^2/10 = 87^2/10$$
$$= 7569/10 = 756.9$$
$$S = \sum x_i^2 - (\sum x_i)^2/n = 853.0 - 756.9 = 96.1$$

> Excelを用いて平方和を求めるには，次の関数を用いる．
> 　　=DEVSQ(範囲)
> [例]=DEVSQ(B2:K2)・・・96.1

(2) 不偏分散(unbiased estimate of variance)

平方和 S では，データ数が多くなると値が大きくなり，データ数が少ないと小さい値である．これではデータ数によって，対象とする母集団のばらつきの評価・比較が難しくなる．そこで，不偏分散 V を用いる．不偏分散 V は次式で求める．

$$V = \frac{S}{n-1} \tag{1.6}$$

表1.1のデータの不偏分散 V を求めると，次のようになる．

$$V = \frac{S}{n-1} = \frac{96.1}{10-1} = 10.677$$

不偏分散は平均平方(mean square)といわれる場合もあり，平均平方の表現については後述する．

> Excelの関数を用いて不偏分散を求める．
> =VAR(範囲)
> [例]=VAR(B2:K2)・・・10.677

(3) 標準偏差(standard deviation)

不偏分散の値の状態では，単位が2乗の形式となっている．例えば，m(メートル)のデータの不偏分散 V の単位は m^2 となり，異なる意味を示す．そこで平均値 x と同じ単位にするために標準偏差 s を求める．

標準偏差 s は，次式によって求める．

$$s = \sqrt{V} \tag{1.7}$$

表1.1のデータの標準偏差 s を求めると，次のようになる．

$$s = \sqrt{V} = \sqrt{10.677} = 3.27$$

> Excel の関数を用いて標準偏差を求める.
> =STDEV(範囲)
> [例]=STDEV(B2:K2)・・・3.27

（4） 範囲(range)

範囲 R は，次式で求める.

$$R = x_{max} - x_{min} \tag{1.8}$$

x_{max} は対象となるデータの中での最大値，x_{min} は最小値である.
表 1.1 のデータの範囲 R を求めると，次のようになる.

$$R = x_{max} - x_{min} = 14 - 3 = 11$$

> Excel を用いて範囲を求めるには，最大値を求める関数と最小値を求める関数を用いて次のようにする.
> =MAX(範囲) − MIN(範囲)
> [例]=MAX(B2:K2) − MIN(B2:K2)・・・11

（5） 変動係数(coefficient of variation)

変動係数 cv は，平均値に対する標準偏差の相対的なばらつきの大きさを表す統計量であり，次式で求める.

$$cv = s / \bar{x} \tag{1.9}$$

表 1.1 のデータの変動係数 cv を求めると，次のようになる.

$$cv = s / \bar{x} = 3.27 / 8.7 = 0.376$$

> Excel の関数を用いて変動係数を求める.
> =STDEV(範囲)/AVERAGE(範囲)
> [例]=STDEV(B2:K2)/AVERAGE(B2:K2)・・・0.376

1.3.5 分析ツールによる統計量の計算

Microsoft Excel 2010 にはアドインとして「分析ツール」がある．これは関数を入力しなくても，例えば基本統計量を選択すると，統計量として，平均，標準誤差，中央値(メディアン)，最頻値(モード)，標準偏差，分散，尖度，歪度，範囲，最小，最大，合計，標本数が出力される．なお，標準誤差は次式で示される統計量である．

$$標準誤差 = 標準偏差 / \sqrt{データ数} \tag{1.10}$$

「分析ツール」から基本統計量を求める手順を以下に示す．

手順1 メニュー［リボン］の［ファイル］→［オプション］をクリックする．次に，［アドイン］をクリックし，［管理(A)］のところを［Excel アドイン］を選択し，［設定(G)］をクリックすると，選択画面が出てくるので，［分析ツール］にチェックマークを入れて［OK］をクリックする．この設定後，メニュー［リボン］の［データ］タブに［データ分析］があるので，これをクリックすると，図1.3のような［分析ツール］のメニュー画面が出力される．本項では，図1.3の分析ツールの項目にある「基本統計量」を用いる．

手順2 ［分析ツール］の画面を出力後，ダイヤログボックスの中の「基本統

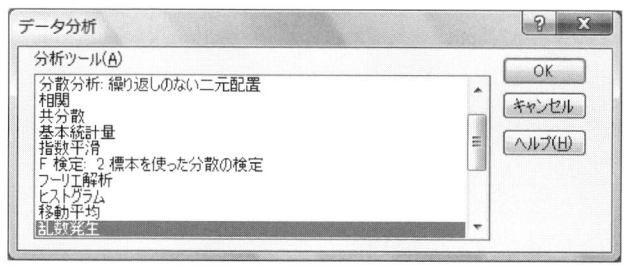

図1.3 分析ツールの画面

計量」を指定して，［基本統計量］ダイアログボックスを表示させる．

手順 3　このダイアログボックスの［入力範囲］に対象となるデータセルを指定し，「統計情報」等にチェックを入れ，［OK］のボタンをクリックすると結果が出力される．

図 1.4　基本統計量の画面

	A	B
1	行1	
2		
3	平均	8.7
4	標準誤差	1.03333333
5	中央値（メジアン）	8.5
6	最頻値（モード）	8
7	標準偏差	3.26768692
8	分散	10.6777778
9	尖度	−0.1464163
10	歪度	−0.1681396
11	範囲	11
12	最小	3
13	最大	14
14	合計	87
15	標本数	10
16	最大値(1)	14
17	最小値(1)	3
18	信頼区間(95.0%)	2.3375624
19		

図 1.5　表 1.1 のデータについて分析ツールを使った出力結果

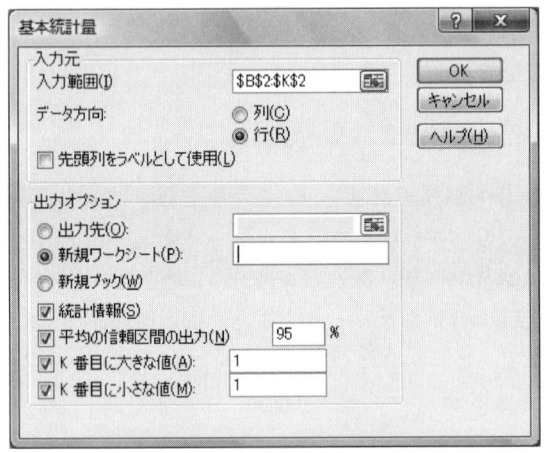

図 1.4 には基本統計量の画面，図 1.5 には表 1.1 のデータを用いた基本統計量の出力結果を示す．

1.3.6 対になったデータの関係を表す統計量

マネジメントにおいて様々な要因間の関係性を探る際，対になったデータの関係を表す統計量を求める場合がある．その際の統計量としてよく用いられるものは**共分散**と**相関係数**がある．この 2 つの統計量について述べる．

公式での文字の表現は，大きさが n の一対のサンプルのデータ $x_{11}, x_{12}, \cdots, x_{1i}, \cdots, x_{1n}$ と $x_{21}, x_{22}, \cdots, x_{2i}, \cdots, x_{2n}$ とする．表 1.2 に示す対になったデータ x_1 と x_2 で説明する．

表 1.2　対になったデータ

	A	B	C	D	E	F	G	H	I	J	K
1	No.	1	2	3	4	5	6	7	8	9	10
2	データx_1	1	2	3	5	7	8	9	11	12	10
3	データx_2	2	4	5	7	8	10	13	12	14	9

（1）　**共分散**（covariance）

共分散 V_{12} は，2 つの変数間 x_1 と x_2 の関係の度合いを表す統計量であり，次式で求める．

$$V_{12} = S_{12} / (n-1) \tag{1.11}$$

ここで，S_{12} は積和といい，次式で求める．

$$S_{12} = \sum (x_{1i} - \bar{x}_1)(x_{2i} - \bar{x}_2) = \sum x_{1i} x_{2i} - (\sum x_{1i} \sum x_{2i}) / n \tag{1.12}$$

表 1.2 のデータの共分散 V_{12} を求めると，次のようになる．

$$\sum x_{1i} x_{2i} = 1 \times 2 + 2 \times 4 + 3 \times 5 + \cdots + 10 \times 9 = 703$$
$$S_{12} = \sum x_{1i} x_{2i} - (\sum x_{1i} \sum x_{2i}) / n = 703 - (68 \times 84) / 10 = 131.8$$
$$V_{12} = S_{12} / (n-1) = 131.8 / 9 = 14.644$$

> Excelを用いて共分散を求めるには，次の関数を用いる．
> =COVAR(配列1：配列2)
> ［例］=10＊COVAR(B2:K2, B3:K3)/9・・・14.644

（2） 相関係数 (correlation coefficient)

共分散はデータの数値により，2つの関係性について評価・比較する場合，数値が大きくなったり，小さくなったりして簡単に評価できない．そこで統計量として，相関係数rを用いる．相関係数は規準化した2つの変数間の関係の強さを表す統計量で，次式で求める．相関係数は試料相関係数ともいう．

$$r = \frac{S_{12}}{\sqrt{S_{11}S_{22}}} \tag{1.13}$$

ここで，S_{11}はx_1の平方和，S_{22}はx_2の平方和である．

相関係数rは，−1から＋1までの値をとり，その絶対値が1に近いほど2つの変数間の関係は強く，0に近いほど2つの変数間の関係は弱いことを示す．

表1.2のデータの相関係数rを求める．

$S_{11} = 135.6$

$S_{22} = 142.4$

$$r = \frac{S_{12}}{\sqrt{S_{11}S_{22}}} = \frac{131.8}{\sqrt{135.6 \times 142.4}} = 0.9485$$

> Excelを用いて相関係数を求めるには，次の関数を用いる．
> =CORREL(配列1：配列2)
> ［例］=CORREL(A2:K2, B3:K3)・・・0.9485

分散と相関係数は，「分析ツール」を用いて求めることができる（**図1.6**）．

図1.6のように「分析ツール」を用いて共分散，相関を求める手順は，以下のようにする．

1.3 統計的方法　15

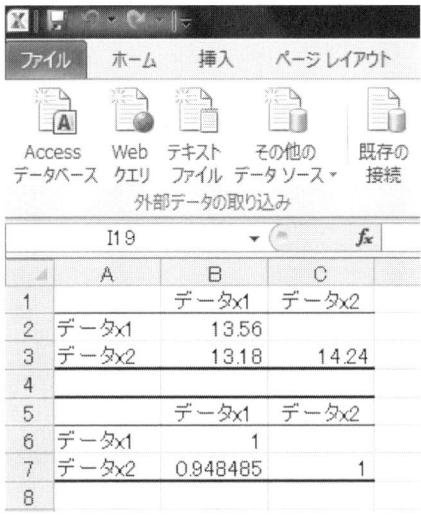

図1.6　分析ツールによる共分散と相関

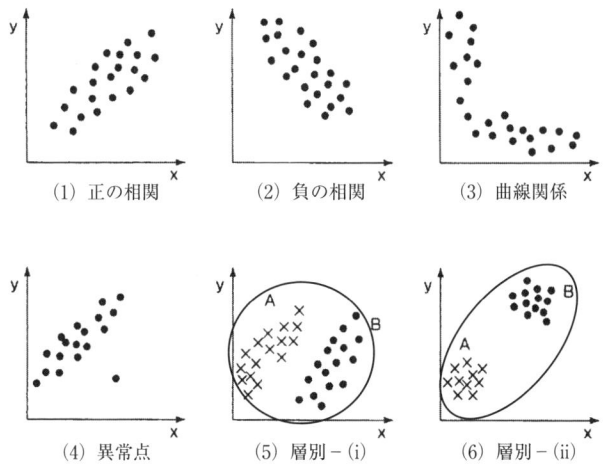

(1) 正の相関　　(2) 負の相関　　(3) 曲線関係

(4) 異常点　　(5) 層別 – (i)　　(6) 層別 – (ii)

図1.7　相関関係

手順1 ［データ分析ツール］から［分析ツール］のダイアログボックスを表示させる．
手順2 共分散を求める場合には「共分散」のダイアログボックスを表示させ，相関係数を求める場合には「相関」ダイアログボックスを表示させる．
手順3 それぞれのダイアログボックスを選択後，［入力範囲］に対象となるデータを指定して［OK］ボタンをクリックする．

相関係数を求めると，それぞれ相関の強弱がわかる．散布図で表示すると図1.7のようにいろいろなパターンがある．(1)は正の相関，(2)は負の相関，(3)は相関関係よりも曲線関係を考える．(4)は異常点について考察し，(5)と(6)については層別の概念が必要となる．

なお，図1.6の共分散の数値をみると，13.18となっている．これは(1.11)式の分母が($n-1$)ではなく，nとして計算されている．表1.1のデータの場合，Excel関数COVARを10倍して9で割る方法でおこなって欲しい．

コラム　購入後の価値評価とクレーム，リピータ

モノ・コトの製品・サービスの価値提供を受けて，顧客はそのモノ・コトの評価をする．初期不良や今までの他の製品・サービスと比較して，その企業の評価を高くしたり，低くしたりする場合もある．価値提供の保証期間内であれば，保証は可能である．その際，クレームとして発生し，企業は再度，指摘されたクレームが発生しないようにその原因・真因を追求し，防止策をする．しかし，企業にとって様々な努力をしても不良0・クレーム0は難しいことは，理解している．ある企業では，顧客からクレームの報告を受けて，顧客の立場に立って解決するまでの時間管理を徹底し，時間短縮に成功した．最近の電機製品の広告の中に，「修理○日」と書かれている製品例もある．クレームの中には，提供した品質機能について，「どういう顧客要求があり，機能しなかったのか」，「アフターサービスにより顧客は満足していただけたのか」などを考えると，言語・数値データを含め様々なデータが取得できることがわかる．結果として，クレームが発生して顧客から指摘を受けたにもかかわらず，アフターサービスの丁寧さによりリピータとなってもらえるように，企業努力を日々惜しまないで欲しい．

第2章

Webからの
マクロデータの取得

　ITの発達により気軽にインターネットのWeb(World Wide Web)から多くの情報を得ることができるようになった．しかし，単に情報を集めることだけではなく，そこには必ず目的が存在する．企業活動・経営活動において，経済状況を把握し，目的とする市場の動向から商品企画をする場合にも活用する．

　本章では，統計情報からのデータ取得の概念・方法や図式化を含め，読み取る力の基本について述べる．

2.1 統計調査とビジネスデータ

統計調査の代表的なものは，総務省統計局(以下，統計局)のデータである．インターネットで統計局内を検索すると，すぐにたくさんの調査が行われていることがわかる．国勢調査に代表されるように日本における様々な経済統計をはじめとしたデータをとり，日本の姿の現況を多くの側面から示している．

統計調査は，何らかの目的があり，その目的に仮説を立ててアンケートを行い，帰納的に評価・定量化して調べていく方法である．統計調査では，一般的に以下の3点を中心に留意する必要がある．

- 得られた数値そのものの大小関係を把握する．
- 時系列に取られているものに対しては，前月や前年の同時期との比較を行う．
- 季節変動を取り除き評価する．

統計局のデータは，主として経済統計のデータであり，マクロデータともいわれている．マクロ経済，ミクロ経済の詳細は他書にゆずるが，本書で扱うマクロの意味は，経済そのものを考える場合，国全体から俯瞰している状態をいい，個々の家計の経済や個々の企業活動などから見ているものをミクロという．

一般に景気がよい，景気が悪いといわれているものは経済状態のことである．その状態が企業活動に影響を及ぼしているといわれている．この関係性から経済と経営は密接な関係があるので，経済統計調査の結果報告は経営活動およびビジネスパーソンにとっては仕事を進めるうえで重要な要因となる．そこで，マクロデータをビジネスへ繋げることが必要となる．その概念を示したのが図2.1である．統計調査は経営方針の策定の一助となり，対象となる母集団に対してアクションするためには必要な情報である．

さらに各省庁のHP(ホームページ，home page)をはじめ，都道府県，市町村の行政が広く独自の目的で調査をおこなっているので参照されたい．

一方，テレビの視聴率は，各放送局が視聴率競争をおこなっている．これは民間の調査であり，番組の視聴率が高い・低いの背景には広告料収入の問題も

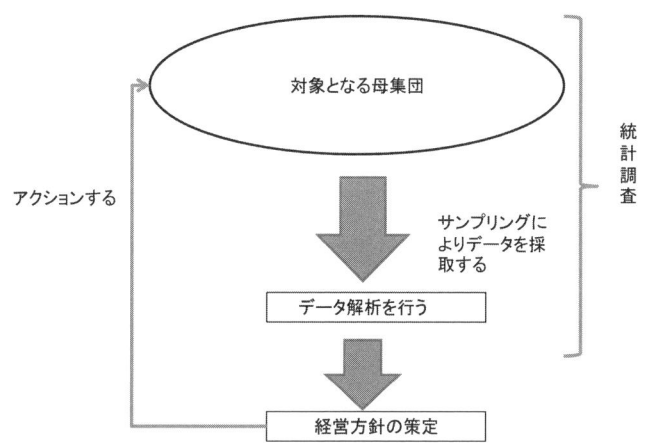

図 2.1 統計調査と経営方針のアクションの概念

ある．結果として，番組が長期間に及ぶ場合もあれば，短期で終了する場合もある．このように民間の統計調査が経営に影響する場合がある．

このような例のひとつとして自動車の興味に関する調査，コーヒーの嗜好調査などがある．

統計調査が行政によって行われる場合は，企業にとって費用はかからない．昨今では企業がホームページを開設し，メールマガジン(メルマガ)などで新製品情報などを発信するケースがある．この場合，メルマガからプレゼントや調査の目的で，自社の製品についての調査を行うケースが増えてきている．この観点から，企業にとってビジネスデータがとりやすい環境になっている．

また，自社のホームページで販売等をしていると，商品数や売上高が多いほど，顧客動向(売上価格帯，男女比，世代別，地域別…)を探ることができる．その観点からインターネットを活用した統計調査を行い，企業にとって必要なビジネスデータを取得することが肝要である．

2.2 QC的ものの見方・考え方から見たデータの取得

QCは品質管理(Quality Control)の略であり，QC的ものの見方・考え方は，品質管理を進めるうえで考えておくべきポイントを示しており，細谷によって表2.1に示すように20項目に分けられている．

この20項目は，総合的な考え方(Total)，統計的な考え方(Statistical)，保証の考え方(Quality)，管理の考え方・改善の考え方(Control)に分けられている．

ビジネスにおいて，日常の課題や問題は山積しており，日々，改善や改革をして次の段階へと進んでいる．例えば，「事実に基づく管理」がある．ビジネ

表2.1 QC的ものの見方・考え方

T	総合的な考え方	1	企業体質の強化
		2	全員参加の経営
		3	教育・普及
		4	QC診断
		5	人間性の尊重
S	統計的な考え方	6	QC手法の活用
		7	ばらつき管理
Q	保証の考え方	8	品質第一
		9	消費者指向
		10	後工程はお客様
C	管理の考え方	11	PDCAのサイクル
		12	事実に基づく管理(ファクトコントロール)
		13	プロセス管理
		14	標準化
		15	源流管理
		16	方針管理
		17	機能別管理
	改善の考え方	18	重点指向
		19	問題解決の手順
		20	再発防止，未然防止

(出典) 細谷克也：『QC的ものの見方・考え方』，日科技連出版社，1984．

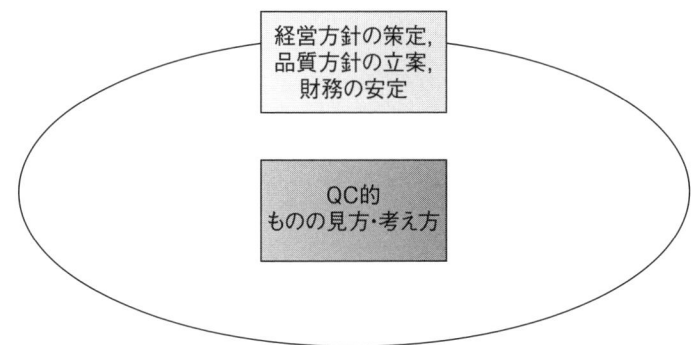

図 2.2　QC 的ものの見方・考え方をコアとする経営の在り方

スでは，問題や課題を解決するため，その構造を明らかにし，問題や課題の源流要因を見つけ出し，そのデータから真因を見つけ出して解決をしていく．そのためには，日頃から「データでものをいう」という考え方を身につける必要がある．

この 20 項目を目的や方法，考え方とする場合，ビジネスにおいて解決への糸口となる場合が多い．

これら項目を考えて，経営の様々な側面で適用することに意味があり，論理的な思考法ができる．したがって，**図 2.2** のように QC 的ものの見方・考え方をコアとして，経営の様々な事柄に取り組んで欲しい．

2.3　ビジネスデータの視覚的表現

ビジネスにおいて，様々な数値を取り扱うことは周知のことである．しかし，そのデータの時系列的動きや全体の形(分布)などは，視覚的にアプローチする方がよい場合が多い．例えば，数値を 100 個並べて全体の傾向をつかむことは難しいが，棒グラフやヒストグラムで表現するとすぐに理解できる．このようにデータを視覚的に表現することが，ビジネスの場面では役立つことが多い．

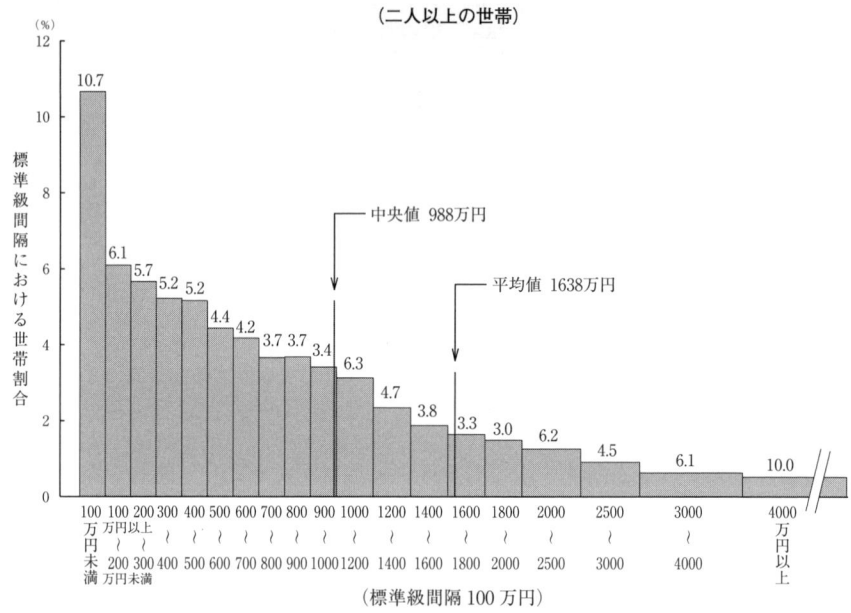

図 2.3 貯蓄現在高階級別世帯分布 —平成 21 年—
（出所）　総務省統計局・政策統括官・統計研修所ホームページ
「家計調査報告(貯蓄・負債編)−平成 21 年平均結果速報−(二人以上の世帯)」

図 2.3 は，家計調査報告の貯蓄現在高階級別世帯分布について，一定の貯蓄金額ごとに比較したものである．このヒストグラムを見ればすぐわかるように，左に度数が多く，右に裾を引いた形になっていることがわかる．最も度数の高い最頻値は 100 万円未満であり，中央値が 988 万円，平均値が 1,638 万円である．例えば，自動車，金融商品などで一番よく売れる商品は 100 万円前後である．

ヒストグラムの形を図 2.4 に示す．図 2.4 の(a)〜(g)については，以下で説明する．

(a)は左右対称型で，一般に多く現れ，一般形ともいわれる．
(b)は右にすそを引いており，微量の成分含有率のように 0％以下の値をと

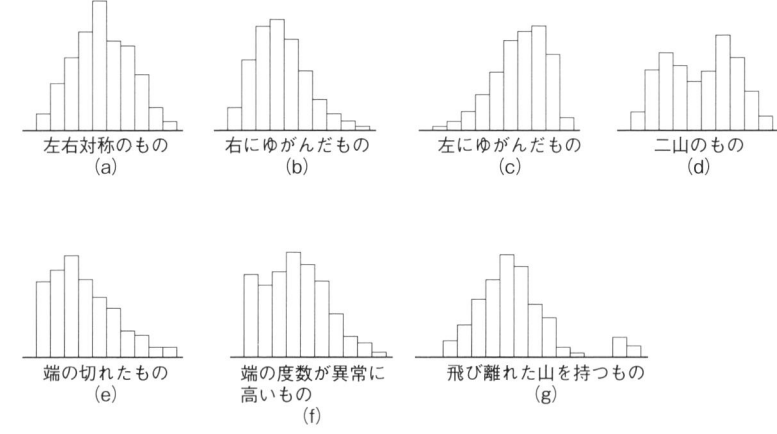

図2.4 いろいろなヒストグラムの形

ることができない場合などに現れる．

(c)は左にすそを引いており，高純度の成分含有率のように100％以上の値をとることができない場合などによく現れる．

(d)は二山型であり，中心の離れた2つの分布が一緒に混ざった場合などによく現れる．

(e)は左側が絶壁になっており，下側規格を外れた不良品について全数選別をおこなって取り除いた場合などに現れる．

(f)も(e)と同様に，左側が絶壁になっており，不良品を手直しして，規格ぎりぎりのものが多くなった場合などに現れる．

(g)は右側に異常値，もしくは離れ小島があり，プロセスに異常がある場合や，測定や記録に誤りがあった場合などに現れる．

図2.5は，お客様センターに日々返品される不良品数の推移について時系列で示したものである．この図より周期性があることが伺え，商品の販売日，販売品目，販売数との因果関係があるのではないかと考えられる．

このように図示することにより，データの動向が具体的に把握できることが

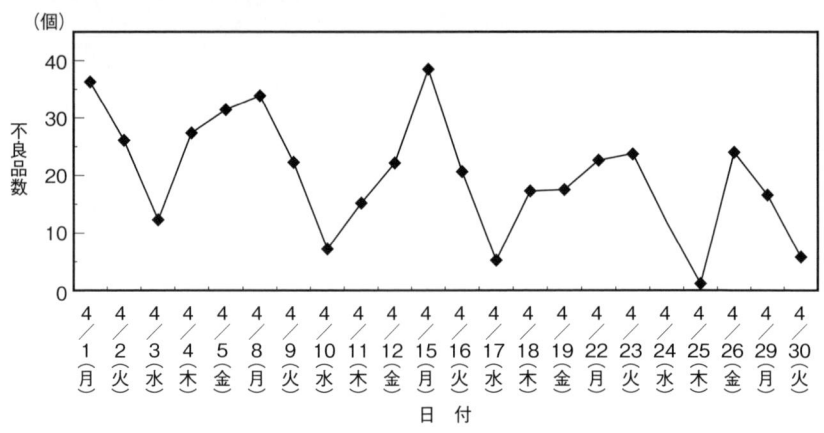

図2.5 日々のお客様センターに返品される不良品数の推移

わかる.

統計局に「学習・研究の種類別行動者率(平成18年)」について,男女別のデータとともに表が示されている(表2.2, 図2.6).これは10歳以上の統計調査結果である.これより,どのような通信資格講座や通学の資格講座,さらには語学学習,パソコン技術等の多くの学習システムをビジネスとして考えることができる.例えば,中国の昨今の急成長,韓流ブームから中国語や韓国語を学習する人向けに講座を開講するのも一つである.また表2.2を見ると,男女によって同じ傾向の「外国語(英語と英語以外)」もあれば,「パソコン等の情報処理」,「芸術・文化」,「家政・家事」など男女によって傾向が異なる項目もある.図2.6は表2.2のデータを棒グラフに視覚化したものであり,傾向などについて表2.2の数値データよりも一見でわかることが特徴である.

表 2.2 学習・研究の種類別行動者率（平成 18 年）

(%)

学習・研究の種類	男	女	総数
パソコン等の情報処理	14.6	9.0	11.7
芸術・文化	9.1	13.3	11.2
外国語（英語）	9.0	9.2	9.1
家政・家事	3.4	13.8	8.8
人文・社会・自然科学	9.9	5.9	7.9
商業実務・ビジネス関係	11.1	4.2	7.6
介護	1.9	4.7	3.4
外国語（英語以外）	2.8	3.1	2.9

（出所）　総務省統計局・政策統括官・統計研修所ホームページ

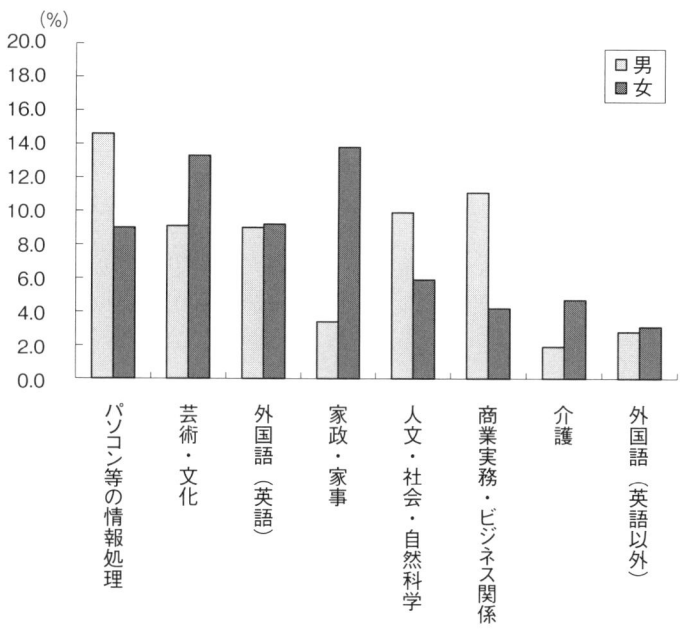

図 2.6　学習・研究の種類別行動者率（平成 18 年）

（出所）　総務省統計局・政策統括官・統計研修所ホームページ

第 3 章

経営データへの変換

　第 2 章の統計調査のデータは，マクロデータからの扱いが多い．これは経済状況の実態を知るうえで役に立ち，さらにそのデータから解析を行った結果から，経営方針に役立つ情報も多い．

　そこで本章では，マクロデータや指標から経営方針を探る方法を考えてみる．

3.1 マーケティングと経営データ

マーケティングとは，商品の販売をする活動およびサービスなどの形に見えない価値や質を提供する活動の総称を示す．マーケティングは日本語で市場活動であり，市場に対して販売促進する活動を示す．

経済データから経営の指標を示すことができれば有効である．経営は利益を出し続けなければならず，そのためには商品・サービスを適時適切に提供しなければならない．そこで市場調査をして，市場に対してアクションをとるのに有効なマーケティングが必要となる．しかし市場問題で注意しなければいけないことがある．それは統計データの目的が異なる場合があるのが通常である．統計局の「家計調査報告」の目的を観ると，「国民生活における家計収支の実態を把握し，国の経済政策・社会政策の立案のための基礎資料を提供することを目的とする」と書かれている．これは国の経済政策，社会政策をするための目的を示している．一方，経営の視点に立つと，日本の家計収支の実態にはどのような傾向があり，典型的な部分として，どのようなものがあるかについて論じなければならない(図3.1)．

図3.1は経済統計とマーケティング，経営との関連を示している．企業が独自に市場調査により動向を探る場合もあるが，経済統計や統計調査のデータから企業にとってどのようになるかを予測する場合もある．また，マーケティングから得られる情報から経営方針を決める場合もある．

2008年9月にリーマンショックがあり，世界経済に影響を及ぼし，景気は世界的に後退した．また，中国はGDP成長率からも継続的に発展しており，日本のみの成熟経済の動向だけでなく，対アジアに対してどのように変化するかを経済統計から傾向を探ることも重要である．

さらに，2011年の中東情勢の変化から派生した原油取引価格の上昇からガソリンや灯油の価格の上昇や，アジア地域における経済発展による鉄鋼の需要増大による価格上昇も，各種経済統計や統計調査，経済新聞からもわかる．

統計局の家計調査報告で，平成20年度の一世帯の一カ月の支出金額の合計

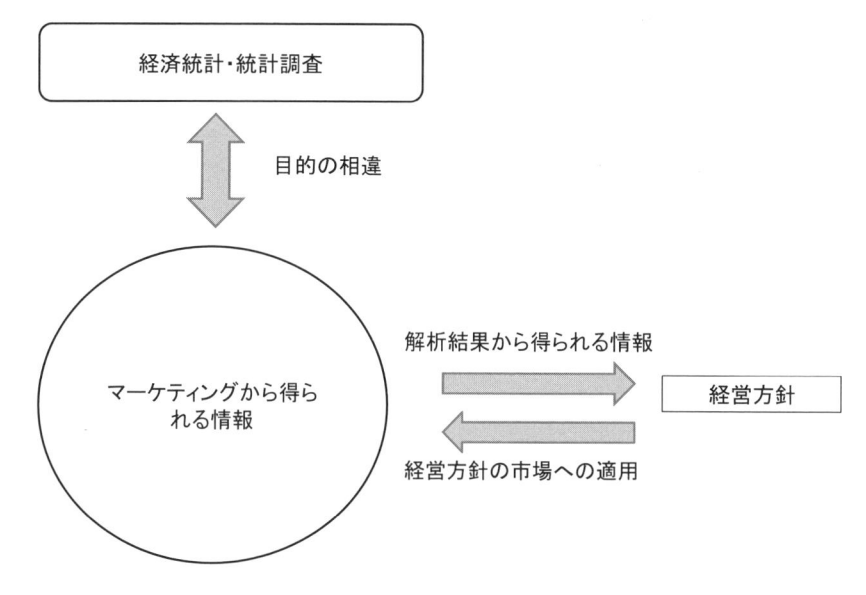

図3.1 マーケティングと経済統計・経営方針の関係性

は 261,306 円であった．これより以下の2例を明示する．

　　［例1］　平成 20 年に調査された総世帯の交通・通信費の一カ月あたりの平均は 34,201 円であった．

　　［例2］　一世帯あたりの年間の携帯電話の支出は平成 12 年が 28,598 円だったものが，平成 20 年になると 92,098 円に増加している．

このようなデータは経済統計の情報である．この2つの例をもとに，次節で市場動向調査についてふれる．

3.2　市場動向調査

3.1 節の家計調査報告で，一カ月の支出について例示した．これは経済統計の結果である．

［例1］では，支出における交通・通信費の割合は13.1%である．日本経済の成長率や年間の給与所得から勘案すると，今後，大きな経済成長は考えにくい．その点から，給与所得を一定とみなした場合と，減少した場合を想定し，現状の支出内訳からの配分を考える必要性が出てくる．

各支出別にみると，
- 食料 60,583 円
- 住居 18,930 円
- 光熱・水道 19,418 円
- 家具・家事用品 8,319 円
- 被服及び履物 11,175 円
- 保健医療 10,790 円
- 交通・通信 34,201 円
- 教育 9,111 円
- 教養娯楽 28,359 円
- その他の消費支出 60,418 円

の構成となっている．前述しているが交通・通信費が全体の13.1%を占めている．例えば携帯電話を販売する企業が，日本に居住している世帯を母集団と考えると，通信費の支出について，現状維持か，他の支出を抑えて通信費を向上させるための魅力的な方策が必要となる．

一方，家計調査報告でいつも取り上げられる大きな情報に，貯蓄動向調査がある．これは平均，中央値，最頻値に大きな違いが見られる．これより以下のことが考えられる．

① 顧客数およびマーケットシェア獲得のため最頻値を考え，通信費の設定をする．
② ビジネス上の使用状況を考えて，上記とは別のビジネス専用の通信費設定を考える．
③ 携帯電話，メール，インターネットを使用するヘビーユーザーを考えて一定の料金体系を設定し，顧客を増加させる．

このことから，市場動向を調査することによる価格設定と，インフラの状況変化の対応，ビジネス上の必要性から経営判断を求められる場合が多い．

[例2]は，平成12年と比較すると約3.2倍に増加している．この交通・通信費用から携帯通信企業が保有しているデータの関連性から家計のおおよその携帯電話の支出がわかる．現在，携帯通信の企業は大手が3社あるが，それぞれの料金プラン，家族構成を考えた使用台数，固定電話費用，世帯でのインターネット接続に関する諸経費の合計を考える．それぞれから割合や通信の品質を考えた結果，競争優位になるべく望ましい価格設定が構築できる．

3.3 財務諸表と経営分析

企業において株式上場の有無に関わらず，財務の考え方が大変重要である．有価証券報告書での公開をはじめ，財務諸表の公開における対象者は，一般的に株式等の投資家，債権者などの企業の外部関係者，すなわち利害関係者の場合が多い．財務諸表は，企業の赤字・黒字を表す財政関係について，情報開示するために定期的に作成される書類である．金融商品取引法では貸借対照表，損益計算書，利益処分計算書(または損失処理計算書)，附属明細表をさす．

本書では，財務諸表を大きく分けて貸借対照表，損益計算書，キャッシュフロー計算書の3つの決算書を示すことにする．この3つの財務諸表を総称して財務三表という．図3.2に3諸表の関係について示した．3諸表は相互に関連しており，お金の流れから経営について財務分析することが肝要である．

1) 貸借対照表

企業が事業資金をどのように集め，どのような形で保有をしているかを示した表である．これはバランスシート(B/S)とも呼ばれており，BSとも呼ばれている．このBSは資産，負債，資本の3つに分けられている．この3つは「資産＝負債＋資本」の関係がある．

2) 損益計算書

期間ごとの経営成績を表す書類である．これはプロフィット・アンド・ロス

```
                    ┌─────────────┐
                    │  財務諸表    │
    ┌───────────────┴─────────────┴──────────────────┐
    │                                                │
    │   ┌─────────┐     ┌─────────┐    ┌──────────┐  │
    │   │貸借対照表│ ⇔  │損益計算書│ ⇔ │キャッシュ │  │
    │   │         │     │         │    │フロー計算書│ │
    │   └─────────┘     └─────────┘    └──────────┘  │
    │                                                │
    │            • お金の流れによって，経営の実態を把握する │
    └────────────────────┬───────────────────────────┘
                         ↓
                  ┌─────────────┐
                  │  経営分析    │
                  └─────────────┘
```

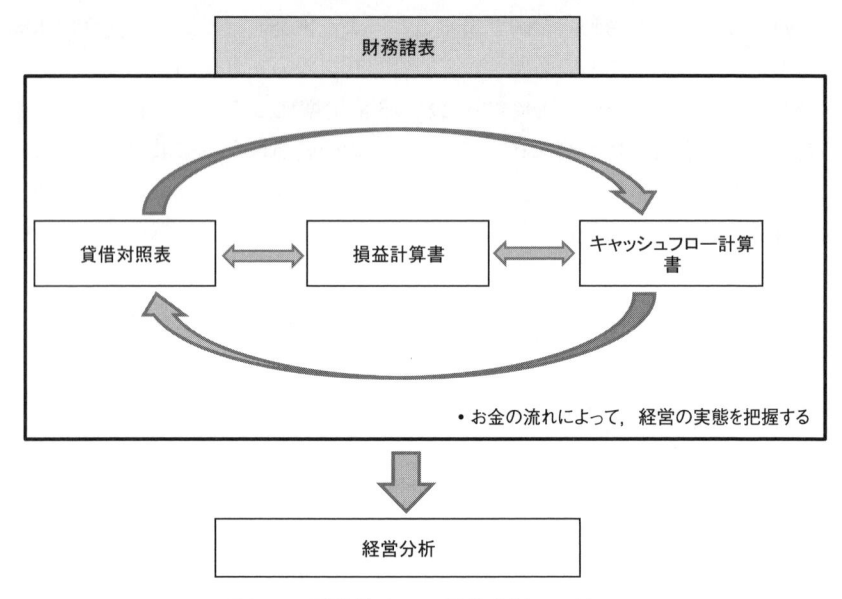

図 3.2 財務諸表から経営分析への流れ

(P/L) とも呼ばれており，PL とも呼ばれている．この PL は売上高と 5 つの利益から構成されている．この 5 つの利益は，売上総利益，営業利益，経常利益，税引前当期利益，当期利益である．この 5 つの利益のうち，最終的に当期利益が純利益となる．

3) キャッシュフロー計算書

現金や預金，信託などのお金の流れで企業の経営状況の経時的な実態を表すものである．キャッシュフロー(CF)とも呼ばれている．この計算書は，投資活動，財務活動，営業活動の 3 つの部分から構成されている．

財務諸表は，財務・会計分野で詳細研究されているものであり，本書では，諸表の数値データからグラフ化やトレンド分析により経営判断をするものとする．例えば，IT 関係の A 社，B 社，C 社の企業の財務諸表から経営分析をする．

そうすると，基幹ソフトがあり安定的に利益確保をしているA社，過去において利益が向上していたが，低下している時期があり，新製品開発力により，昨今利益の向上がめざましいB社，Web開発やクラウド事業により企業規模が拡大し，利益確保の向上も年々増加し，M&Aも積極的に推進しているC社というように企業タイプが財務の経営分析から読み取れる．

さらに財務諸表は時系列データを取得し，借金や純利益を分析することができる．加えて財務諸表は，四半期毎や年次毎等，時系列に細目に注目して見ると，売上と利益の関係性の中身がより詳細にわかる．

表3.1は，売上と利益との関係について示しており，企業がどの位置にいるかについて明確にしないといけない．一番望ましい状態はD，ついでBのそれぞれの領域である．Dは売上が増加し，利益も増加するというものであり，一般的に景気が良い状態であれば，よく起こる現象である．

表3.1 売上と利益の関係

利益＼売上	売上減少	売上増加
利益減少	A	C
利益増加	B	D

一方Bは，売上は減少もしくは前年と比較して同じだったとしても，品質は同等のものを保ち，経費節減，コストダウン等の改善活動による企業努力により，利益を生み出している企業である．財務の観点からA，Cの領域は，企業努力や前述の財務細目の時系列分析が必要となる．その意味で現代的な考え方であり，財務に明るいビジネスパーソンが増えることが財務の質，経営の質の向上という観点から重要になる．

以上のことより，図3.2は，以上述べた財務諸表と経営分析との関係を述べている．また財務三表については，それぞれ独立に分析し，また連関的に分析

する必要もある．この分析を徹底的にすることで，良い経営分析につながる．

3.4 株価分析

　各証券会社および新聞，インターネットを通して，株価についての情報は日々刻々と知ることができる環境になっている．株価変動は時系列変動であり，箱ひげ図で株価の幅や高下を表現している．これは，まさにデータから分析をする方法である．

　株に関しては多くの書籍がある．研究題材とした書籍もあるが，一般投資家に向けた利益確保をするための書籍も多く，その評価・分析を含めて行われている．一方，ビジネスデータの中で外部環境からの評価として分析する場合が多い．このデータ分析で重要なことは，内部環境の変化と外部環境の変化の2つがある．内部環境の変化は顧客に対して製品の提供や製造工程のように同じ原理・原則に基づいて，よりよい製品作りの構築が市場の評価につながり，株価に影響するというものである．外部環境の変化では企業の外部評価に加え，社会動向・経済状況により株価に影響する場合が多い．例としては，リーマンショック，製造コスト低減のための海外進出および海外需要の増加，外部環境に対する企業，大口投資家の動きなどである．

　なお，株価分析については，現状から得られたデータ分析からわかることのみを述べ，必ずしも今後の予測へと結びつけるものではないことを断っておく．

　一例として，日経平均株価，NYダウ，香港ハンセン，FTSE100など，いろいろなマーケット情報がある．これらには経済的な動向から方向性は考えられるものの，利益を生み出すためにいろいろと分析はされているが，本書は予測による利益確保の書籍ではないので，他書にゆずる．

　株価分析により，経営をうまく推進するために，内部・外部環境の整合性を常に分析して欲しい．

第4章

データ分析 —基礎編—

　データには大きく2種類あり，数値データと言語データがある．数値データには，量って得られる計量値データと，数えて得られる計数値データがある．言語データはアンケート調査やユーザーからの生の声である．数値データ，言語データとも重要で，その整理・要約の基本を述べる．本章は様々な解析の基本となるので，理解して欲しい．

　本書の構成上，ビジネス・経営を対象としているので，顧客に対して扱うデータも計数値の場合が多いときがある．よって本書では計数値データ，言語データ，計量値データの順で述べる．第4章以降，各種分布(正規分布，χ^2分布，t分布，F分布)の統計数値については4.5節，付録，本書の最後の数値表(付表)を参照して欲しい．

4.1 データ(数値,数値化,言語)のまとめ方

データには,数値データと言語データの2種類がある.また数値データには,身長や体重のように量って得られる**計量値**のデータと,良品,不良品の個数のように数えて得られる**計数値**のデータがある.またアンケートである感性・官能評価の項目で「とても良い,良い,ふつう,やや悪い,悪い」があるとき,あとで,分析するために「5, 4, 3, 2, 1」と数値に置き換える場合がある.このような変換したデータを「数値化データ」という.これらのデータをまとめるときには,計量値,計数値,**数値化データ**,**言語データ**の区別をすることが必要である.

数値データの基礎的なまとめ方については,すでに述べている.ここでは,計数値や数値化データ,言語データについて述べる.

4.1.1項では検定と推定について手順を述べている.通常,計量値の検定・推定を最初に述べていくものが多いが,本書の構成上,4.4節に後述している.

数理統計の背景,検定・推定の詳細については参考文献 [1], [9]〜[11], [14]〜[16] を参照するとよい.

4.1.1 計数値データの性質とまとめ方

計数値は大きく分けて,不良品の数のように数えて調べる場合と,製品機能としては不良でないものの,キズなどのように欠点数として数えて調べる場合がある.ここでの目的となる指標は,前者は不良率,良品率であり,後者は欠点数,単位あたりの欠点数である.なお,ISO 9001の品質マネジメントシステムでは不適合率,不適合品率という.本書では,対象とする背景にあわせて表現する.

欠点数のイメージを理解してもらうために例をひとつあげる.製品そのもの全体の良品,不良品という区別ではなく,製品における液晶画面のドット抜けなどは欠点数の概念であり,これを調査する場合もある.

これより計数値には不良率と欠点数の特性の違いがある．以下にそれぞれ例を2つ挙げる．

[例1] A社ではパソコン(以下，PC)を生産しており，対象となる機種の製品は10,000個生産し，生産後，その製品は機能評価に対する顧客情報を収集しマイナーチェンジ，次期製品へ反映させる．そのため次の製品の品質保証の観点から不良率を時系列に調査した．まず初期不良，経時的不良についてそれぞれデータをとり，技術・開発へ反映させた．

[例2] インターネット通販を主としているPC販売㈱では，グローバルなサプライチェーンを展開しており，輸送に起因するクレームが多発していた．商品を梱包している箱のつぶれやへこみ，また振動に伴うキズ等が多い．そこで，過去からさかのぼってデータを収集した．そのデータを現象ごとに層別を行い，欠点数の調査を行った．

[例1]は不良率，[例2]は欠点数である．計数値データの中で不良率は二項分布に従い，欠点数はポアソン分布に従う．

期待値$E(x)$と分散$V(x)$を次に示す．nはサンプル数，Pは母不良率を示す．

$$E(x) = nP, V(x) = nP(1-P) \tag{4.1}$$

$$E(P) = P, V(P) = \frac{P(1-P)}{n} \tag{4.2}$$

以下に検定，推定の手順を示した後，例を挙げる．

(1) 1つの母不良率の検定手順について

手順1：帰無仮説 H_0 と対立仮説 H_1 の設定

    a) $H_0: P = P_0$ (P_0は指定された値)，$H_1: P \neq P_0$ （両側検定）
    b) $H_0: P = P_0$ (P_0は指定された値)，$H_1: P > P_0$ （右片側検定）
    c) $H_0: P = P_0$ (P_0は指定された値)，$H_1: P < P_0$ （左片側検定）

手順2：有意水準の設定

    $\alpha = 0.05$ （一般的な水準）

手順3：棄却域の設定

    a) $R : |u_0| \geq K_{\alpha/2}$ ($\alpha = 0.05$ なら $K_{0.025} = 1.960$) （両側検定）
    b) $R : u_0 \geq K_{\alpha}$ ($\alpha = 0.05$ なら $K_{0.05} = 1.645$) （右片側検定）
    c) $R : u_0 \leq -K_{\alpha}$ ($\alpha = 0.05$ なら $K_{0.05} = 1.645$) （左片側検定）

手順4：検定統計量の計算

$$u_0 = \frac{p - P_0}{\sqrt{\dfrac{P_0(1 - P_0)}{n}}}$$

手順5：判定と結論

1) u_0 の値が手順3で定めた棄却域に入れば，有意水準 α で有意であり，H_0 を棄却し，H_1 を採択する．

2) u_0 の値が手順3で定めた棄却域に入らなければ，有意水準 α で有意でないと判定し，H_0 を棄却できない．

（2）1つの母不良率の推定手順

点推定：$\widehat{P} = p = \dfrac{x}{n}$

区間推定：信頼率 $100(1 - \alpha)$ ％の P の信頼区間

$$\left(p - K_{\alpha/2}\sqrt{\frac{p(1-p)}{n}},\ p + K_{\alpha/2}\sqrt{\frac{p(1-p)}{n}} \right)$$

この検定を適用するにあたり，(4.1)式，(4.2)式における nP および $n(1-P)$ の値はそれぞれ5以上であれば，上記の検定を適用できる．これは正規近似をしており，その近似条件がそれぞれ5以上といわれている．ここでいう nP を不良品数とすれば，$n(1-P)$ は良品数となる．解析対象とするものが，この条件を満足しない場合は，サンプルで取ったデータ数を大きくすれば5以上を満足する場合が多い．

　例えば，サンプルとして商品を購入してくれた100人に対して満足度を評価してもらったところ，3人が満足しないと評価した．この場合，このまま解析

をすると，正規近似していないため，解析結果の検出力は低下する．この場合，100人よりも多くの人，例えば，200，300人と増加していけば，5人を超える可能性は高くなる．

本書では計数値において，正規近似するため，それぞれのカテゴリーが5以上であることを解析の条件とする．

[例4.1] 1つの母不良率に関する検定と推定－計数値

J量販店㈱は，電器製品等の量販店である．従来から，販売品クレーム率が7%と高く，問題になっていた．そこで，クレーム率の低減のために，プロジェクトを編成し，新しいシステム等の改善を行った．

改善されたシステムでクレーム率が低減しているかどうかを調べるため，ランダムに300個の商品データ履歴を抜き取ったところ，12個のクレームがあることがわかった．

ここで改善後，クレーム率が低減されたかどうかを有意水準5%で検定をする．また改善後の母不良率，ここでは母集団のクレーム率の点推定値と，信頼率95%の信頼区間を求める．

【解答手順】
1) 母集団のクレーム率の検定

手順1：仮説を立てる

$H_0 : P = P_0 (P_0 = 0.07)$　　$H_1 : P < P_0$

母集団のクレーム率が従来と比べて低減されたかどうかを検討するので，左片側検定を採用する．

手順2：有意水準の設定

$\alpha = 0.05$

手順3：棄却域の設定

$R : u_0 \leq -K_{0.05} = -1.645$

手順4：統計量の計算

データより，

$$p = \frac{x}{n} = \frac{12}{300} = 0.040$$

$$u_0 = \frac{p - P_0}{\sqrt{\frac{P_0(1-P_0)}{n}}} = \frac{0.040 - 0.07}{\sqrt{\frac{0.07(1-0.07)}{300}}} = -2.037$$

が求まる．

手順5：判定と結論

$u_0 = -2.037 \leqq -K_{0.05} = -1.645$ となるので，有意水準5％で有意である．帰無仮説 H_0 は棄却して，「改善によって母集団のクレーム率は従来の値7％より低減された」と判断する．

2) 母不良率の推定

手順1：点推定

$$\widehat{P} = p = \frac{x}{n} = \frac{12}{300} = 0.040$$

手順2：区間推定

信頼率95％の P の信頼区間を構成する．

$$\left(p - K_{0.025}\sqrt{\frac{p(1-p)}{n}} < P < p + K_{0.025}\sqrt{\frac{p(1-p)}{n}} \right)$$

$$\rightarrow \left(0.040 - 1.96\sqrt{\frac{0.040(1-0.040)}{300}} < P < 0.040 + 1.96\sqrt{\frac{0.040(1-0.040)}{300}} \right)$$

$$\rightarrow (0.018 < P < 0.062)$$

(3) 2つの母不良率の差の検定手順

手順1：帰無仮説 H_0 と対立仮説 H_1 の設定

  a) $H_0 : P_1 = P_2$，$H_1 : P_1 \neq P_2$ （両側検定）

b) $H_0 : P_1 = P_2$, $H_1 : P_1 > P_2$ （右片側検定）
c) $H_0 : P_1 = P_2$, $H_1 : P_1 < P_2$ （左片側検定）

手順2：有意水準の設定

$\alpha = 0.05$

手順3：棄却域の設定

a) $R : |u_0| \geq K_{\alpha/2}$ （$\alpha = 0.05$ なら $K_{0.025} = 1.960$）（両側検定）
b) $R : u_0 \geq K_\alpha$ （$\alpha = 0.05$ なら $K_{0.05} = 1.645$）（右片側検定）
c) $R : u_0 \leq -K_\alpha$ （$\alpha = 0.05$ なら $K_{0.05} = 1.645$）（左片側検定）

手順4：検定統計量の計算

$$u_0 = \frac{p_1 - p_2}{\sqrt{\bar{p}(1-\bar{p})\left(\frac{1}{n_1} + \frac{1}{n_2}\right)}}, \quad \bar{p} = \frac{x_1 + x_2}{n_1 + n_2}$$

手順5：判定と結論

1) u_0 の値が手順3で定めた棄却域に入れば，有意水準 α で有意であり，H_0 を棄却し，H_1 を採択する．

2) u_0 の値が手順3で定めた棄却域に入らなければ，有意水準 α で有意でないと判定し，H_0 を棄却できない．

(4) 2つの母不良率の差の推定手順

点推定：$\widehat{P_1 + P_2} = p_1 - p_2 = \dfrac{x_1}{n_1} - \dfrac{x_2}{n_2}$

区間推定：信頼率 $100(1-\alpha)\%$ の $P_1 - P_2$ の信頼区間

$$\left(p_1 - p_2 - K_{\alpha/2}\sqrt{\frac{p_1(1-p_1)}{n_1} + \frac{p_2(1-p_2)}{n_2}}, \right.$$
$$\left. p_1 - p_2 + K_{\alpha/2}\sqrt{\frac{p_1(1-p_1)}{n_1} + \frac{p_2(1-p_2)}{n_2}} \right)$$

[例4.2] 2つの母不良率に関する検定と推定－計数値

世界展開しているあるホテルグループでは，宿泊後の顧客に対してアンケートを実施し，1つの項目でも一定の満足度より低ければ減点方式として，満足度の評価を行っている．このたび，首脳部よりアジア地区とヨーロッパ地区での顧客の満足に違いがあるのではないかとの意見が出され，2つの地区での不満足度の調査を行った．すべてのデータでは数が多すぎて詳細分析できないことから，アジア地区からランダムに1,000人のデータを取ったところ，76人において満足していないとの結果が得られ，ヨーロッパ地区から同様に600人のデータをとったところ，18人が満足していないとの結果が得られた．アジア地区とヨーロッパ地区で不満足率に違いがあるかどうかについて調べたい．

ここでアジア，ヨーロッパ地区により，宿泊後の母集団の不満足率が異なるかどうかを有意水準5%で検定をする．またアジア，ヨーロッパ地区により，宿泊後の母集団の不満足率の差について，点推定値と信頼率95%の信頼区間を求める．

【解答手順】
1) 母集団の不満足率の差検定
手順1：仮説を立てる

$H_0 : P_1 = P_2$
$H_1 : P_1 \neq P_2$

2つの地区により母集団の不満足率が異なるかどうかを検討するので，両側検定を採用する．

手順2：有意水準の設定

$\alpha = 0.05$

手順3：棄却域の設定

$R : |u_0| \geq K_{0.025} = 1.960$

手順4：統計量の計算

データより，

$$p_1 = \frac{x_1}{n_1} = \frac{76}{1000} = 0.076$$

$$p_2 = \frac{x_2}{n_2} = \frac{18}{600} = 0.030$$

$$\bar{p} = \frac{x_1 + x_2}{n_1 + n_2} = \frac{76 + 18}{1000 + 600} = 0.0588$$

$$u_0 = \frac{p_1 - p_2}{\sqrt{\bar{p}(1-\bar{p})\left(\frac{1}{n_1} + \frac{1}{n_2}\right)}} = \frac{0.076 - 0.030}{\sqrt{0.0588(1 - 0.0588)\left(\frac{1}{1000} + \frac{1}{600}\right)}}$$

$$= 3.787$$

が求まる．

手順5：判定と結論

$|u_0| = 3.787 \geqq K_{0.025} = 1.96$ となるので，有意水準5％で有意である．帰無仮説 H_0 は棄却して，「地区によって母集団の不満足率は異なる」と判断する．

2) 母集団の不満足率の差推定

手順1：点推定

$$\widehat{P_1 - P_2} = p_1 - p_2 = \frac{x_1}{n_1} - \frac{x_2}{n_2} = 0.076 - 0.030 = 0.046$$

手順2：区間推定

信頼率95％の $P_1 - P_2$ の信頼区間を構成する．

$$\left(p_1 - p_2 - K_{0.025}\sqrt{\frac{p_1(1-p_1)}{n_1} + \frac{p_2(1-p_2)}{n_2}} < P_1 - P_2 < \right.$$

$$\left. p_1 - p_2 + K_{0.025}\sqrt{\frac{p_1(1-p_1)}{n_1} + \frac{p_2(1-p_2)}{n_2}}\right)$$

$$\rightarrow \left(0.046 - 1.96\sqrt{\frac{0.076(1-0.076)}{1000} + \frac{0.030(1-0.030)}{600}} < P_1 - P_2 < \right.$$

$$0.046 + 1.96\sqrt{\frac{0.076(1-0.076)}{1000} + \frac{0.030(1-0.030)}{600}}\,\Big)$$

$$\rightarrow (0.025 < P_1 - P_2 < 0.067)$$

3) 適合度の検定

手順1：帰無仮説 H_0 と対立仮説 H_1 の設定

H_0：データはある確率分布に従う

H_1：データは H_0 の分布に従わない

手順2：有意水準の設定

$\alpha = 0.05$

手順3：棄却域の設定

$R : \chi_0^2 \geqq \chi^2(\phi, \alpha)$

手順4：検定統計量の計算

$$\chi_0^2 = \sum_{i=1}^{n} \frac{(x_i - t_i)^2}{t_i}, \quad \phi = n - p - 1 \quad (n；カテゴリー数,\ p；母数の数)$$

手順5：判定と結論

1) χ_0^2 の値が手順3で定めた棄却域に入れば，有意水準 α で有意であり，H_0 を棄却し，H_1 を採択する．

2) χ_0^2 の値が手順3で定めた棄却域に入らなければ，有意水準 α で有意でないと判定し，H_0 を棄却できない．

なお，規準化残差 e_i を計算し，絶対値で2.5～3.0以上であれば，特徴のあるクラスであると判断する．

[例4.3] 適合度の検定－計数値

ある年に起きたある署内の交通事故件数を曜日別に分類すると，表4.1のようになった．曜日によって，交通事故の発生する確率は異なるか検討する．

表 4.1 交通事故件数の表

曜日	日	月	火	水	木	金	土	計(*Total*)
件数	26	15	16	7	13	20	15	112

【解答手順】

手順1:帰無仮説と対立仮説の設定

H_0:各曜日とも同じ確率で交通事故が発生する.

H_1:曜日によって交通事故の発生する確率は異なる.

手順2, 3:有意水準と棄却域の設定

$\alpha = 0.05$

$\phi = n - p - 1 = 7 - 0 - 1 = 6$

$R : \chi_0^2 \geqq \chi_0^2(6, 0.05) = 12.59$

手順4:期待度数および検定統計量の計算

$$t_i = T \times \frac{1}{7} = 16.00$$

$$\chi_0^2 = \sum_{i=1}^{7} \frac{(x_i - t_i)^2}{t_i}$$

$$= \frac{(26-16.00)^2}{16.00} + \frac{(15-16.00)^2}{16.00} + \frac{(16-16.00)^2}{16.00} + \frac{(7-16.00)^2}{16.00}$$

$$+ \frac{(13-16.00)^2}{16.00} + \frac{(20-16.00)^2}{16.00} + \frac{(15-16.00)^2}{16.00}$$

$$= 13.000$$

手順5:判定と結論

$\chi_0^2 = 13.000 \geqq \chi_0^2(6, 0.05) = 12.59$ となるので有意である.

帰無仮説 H_0 を棄却し,「曜日によって交通事故の発生する確率は異なる」と判断する.

手順6:規準化残差の計算

ここで,規準化残差 e_i を計算すると,以下の通りとなる.

［日曜日］
$$e_1 = \frac{x_1 - t_1}{\sqrt{t_1}} = \frac{26 - 16.00}{\sqrt{16.00}} = 2.500$$

［月曜日］
$$e_2 = \frac{x_2 - t_2}{\sqrt{t_2}} = \frac{15 - 16.00}{\sqrt{16.00}} = -0.250$$

［火曜日］
$$e_3 = \frac{x_3 - t_3}{\sqrt{t_3}} = \frac{16 - 16.00}{\sqrt{16.00}} = 0$$

［水曜日］
$$e_4 = \frac{x_4 - t_4}{\sqrt{t_4}} = \frac{7 - 16.00}{\sqrt{16.00}} = -2.250$$

［木曜日］
$$e_5 = \frac{x_5 - t_5}{\sqrt{t_5}} = \frac{13 - 16.00}{\sqrt{16.00}} = -0.750$$

［金曜日］
$$e_6 = \frac{x_6 - t_6}{\sqrt{t_6}} = \frac{20 - 16.00}{\sqrt{16.00}} = 1.000$$

［土曜日］
$$e_7 = \frac{x_7 - t_7}{\sqrt{t_7}} = \frac{15 - 16.00}{\sqrt{16.00}} = -0.250$$

これより，日曜日の規準化残差 e_1 が大きく，日曜日には交通事故が他の曜日に比べて多いという特徴がわかる．

〈補足：規準化残差について〉

適合度の検定の検定統計量は，

$$\chi_0^2 = \sum_{i=1}^{n} \frac{(x_i - t_i)^2}{t_i} \quad \cdots\cdots\cdots\cdots\cdots\cdots\cdots\cdots\cdots\cdots\cdots\cdots\cdots\cdots①$$

であり，

分割表の検定の検定統計量は，

$$\chi_0^2 = \sum_{i=1}^{l} \sum_{j=1}^{m} \frac{(x_{ij} - t_{ij})^2}{t_{ij}} \quad \cdots\cdots\cdots\cdots\cdots\cdots\cdots\cdots\cdots\cdots\cdots\cdots\cdots\cdots\cdots ②$$

である．

ここで，右辺の各項の平方根を規準化残差と呼び，e_i，e_{ij}と表す．

①の場合であれば，　$e_i = \dfrac{x_i - t_i}{\sqrt{t_i}}$

②の場合であれば，　$e_{ij} = \dfrac{x_{ij} - t_{ij}}{\sqrt{t_{ij}}}$

となる．

e_i，e_{ij}は，帰無仮説 H_0 が正しいもとで，標準正規分布 $N(0, 1^2)$ に近似的に従う．

規準化残差を計算して，その絶対値が大きな値に注目する．$|e_i|$，$|e_{ij}|$の値が2.5ないしは3より大きいカテゴリー，クラスについては特徴があると判断する．

5) 分割表による検定

手順1：帰無仮説 H_0 と対立仮説 H_1 の設定

　　H_0：行のカテゴリーが発生する確率は，列によって違いはない

　　H_1：行のカテゴリーが発生する確率は，列によって違いがある

手順2：有意水準の設定

　　$\alpha = 0.05$

手順3：棄却域の設定

　　$R: \chi_0^2 \leq \chi^2(\phi; \alpha)$，$\phi = (l-1)(m-1)$　　（l；行のカテゴリー数，m；列のカテゴリー数）

手順4：検定統計量の計算

$$t_{ij} = \frac{T_{i\cdot} \times T_{\cdot j}}{T}$$

$$\chi_0^2 = \sum_{i=1}^{l} \sum_{j=1}^{m} \frac{(x_{ij} - t_{ij})^2}{t_{ij}}$$

手順5：判定と結論

1) χ_0^2 の値が手順3で定めた棄却域に入れば，有意水準 α で有意であり，H_0 を棄却し，H_1 を採択する．

2) χ_0^2 の値が手順3で定めた棄却域に入らなければ，有意水準 α で有意でないと判定し，H_0 を棄却できない．

なお，規準化残差 e_{ij} を計算し，絶対値で2.5～3.0以上であれば，特徴のあるクラスであると判断する．

[例4.4] 分割表－計数値

Mガラス㈱では，4人の作業者が大型ガラス食器の製造を行っている．製造されたガラス食器は外観検査によって1級品，2級品，3級品に選別された後，ブランド名を変えて出荷されている．作業者により1級品，2級品，3級品の出方に違いがあるかどうかを調べるため，過去2ヵ月間に製造された製品について調査したところ，表4.2に示す結果となった．分割表による検定を用いて解析する．

表4.2 外観検査による分類調査データ

(x_{ij}：度数)

作業者	1級品	2級品	3級品	計 $T_{i\cdot}$
A	30	14	12	56
B	15	20	14	49
C	3	18	13	34
D	13	18	30	61
計 $T_{\cdot j}$	61	70	69	200

【解答手順】
手順1：仮説の設定

H_0：作業者によって1級品，2級品，3級品の出方に違いはない．

H_1：作業者によって1級品，2級品，3級品の出方に違いがある．

手順2：有意水準の設定

$\alpha = 0.05$

手順3：棄却域の設定

$$\chi_0^2 = \sum_{i=1}^{4}\sum_{j=1}^{3} \frac{(x_{ij}-t_{ij})^2}{t_{ij}}$$

$R : \chi_0^2 \geqq \chi^2(\phi, \alpha) = \chi^2(6, 0.05) = 12.59 \qquad (\phi = (4-1)(3-1) = 6)$

手順4：統計量の計算

表4.2の度数表より，次式に基づいて期待度数 t_{ij} を計算する．

$$t_{ij} = \frac{T_{i\cdot} \times T_{\cdot j}}{T}$$

例えば，

$$t_{11} = \frac{T_{1\cdot} \times T_{\cdot 1}}{T} = \frac{56 \times 61}{200} = 17.08$$

$$t_{12} = \frac{T_{1\cdot} \times T_{\cdot 2}}{T} = \frac{56 \times 70}{200} = 19.60$$

$$t_{13} = \frac{T_{1\cdot} \times T_{\cdot 3}}{T} = \frac{56 \times 69}{200} = 19.32$$

$$t_{21} = \frac{T_{2\cdot} \times T_{\cdot 1}}{T} = \frac{49 \times 61}{200} = 14.95$$

$$\vdots$$

となる．他の i と j の組み合わせについても同様に計算することにより，表4.3の期待度数 t_{ij} 表を得る．

第4章 データ分析 —基礎編—

表 4.3 期待度数 t_{ij} 表

作業者	1級品	2級品	3級品	計
A	17.08	19.60	19.32	56.00
B	14.95	17.15	16.91	49.00
C	10.37	11.90	11.73	34.00
D	18.61	21.35	21.05	61.00
計	61.00	70.00	69.00	200.00

表 4.2 および表 4.3 より，$(x_{ij} - t_{ij})^2 / t_{ij}$ を計算して表 4.4 を得る．

表 4.4 χ_0^2 値の計算補助表（$(x_{ij} - t_{ij})^2 / t_{ij}$ 表）

作業者	1級品	2級品	3級品	計
A	9.773	1.600	2.773	14.147
B	0.000	0.474	0.499	0.973
C	5.238	3.127	0.138	8.502
D	1.689	0.526	3.811	6.025
計	16.700	5.726	7.221	$\chi_0^2 = 29.647$

表 4.4 より，

$$\chi_0^2 = \sum_{i=1}^{4} \sum_{i=1}^{3} \frac{(x_{ij} - t_{ij})^2}{t_{ij}} = 29.647$$

が得られる．

手順 5：判定

$\chi_0^2 = 29.647 \geq \chi^2(6, 0.05) = 12.59$ となるので有意である．帰無仮説 H_0 を棄却し，「作業者によって1級品，2級品，3級品の出方に違いがある」と判断する．

手順 6：規準化残差の計算と考察

規準化残差 $e_{ij} = (x_{ij} - t_{ij}) / \sqrt{t_{ij}}$ を計算して，表 4.5 を得る．

表 4.5　規準化残差表（$e_{ij}=(x_{ij}-t_{ij})/\sqrt{t_{ij}}$ 表）

作業者	1級品	2級品	3級品
A	3.126	−1.265	−1.665
B	0.014	0.688	−0.707
C	−2.289	1.768	0.371
D	−1.299	−0.725	1.952

表4.5より，作業者Aの1級品の割合が大きいことがわかる．

4.1.2　数値化データの性質とまとめ方

　数値化データの解析とは，感性・官能評価により表現されたものを数量的に変換，その変換されたデータを解析することである．例えば，食品の嗜好のようなものである．ワインの評価をする際には，多くの評価項目がある．その中で，酸味，渋み，甘さ等々，5段階で評価する場合がある．例えば，非常に酸味が強い場合は5，気にならないくらいの酸味であれば1として，一般的なワインの酸味を3とする．その場合，人によって官能評価されたものが数値化される．このようなデータを数値化データという．

　色彩においても，同様のことがいえる．青といってもパステルカラーの強い青もあれば，淡い感じの青もある．このように定量的に計器によって測定できるものもあるが，加えて官能評価的な尺度によって評価していこうとする仕組みである．

　データ取得の流れは以上のようなことであるが，解析方法としては，正規近似して通常の計量値の解析と同じようにする方法および多変量解析がよく用いられる．詳しく勉強したい方は『官能検査ハンドブック』（日科技連出版）を参照されたい．

4.1.3 言語データの性質とまとめ方

　言語データは，多くの場面で活用される．ビジネスにおいて，ITインフラが進んだ現在においても言語データは重要である．Face to Face といわれるが，相手の話し方・表情などにより，言葉も含めて多くの情報が得られる．このことは，多くのビジネスパーソンにとっては周知の事実である．

　品質管理・品質経営で適用される手法の中に新QC七つ道具がある．親和図，連関図，系統図，マトリックス図，PDPC法，マトリックスデータ解析法，アローダイヤグラムの7つである．この7つの手法の中で言語データの整理として本書で取り上げるのが，親和図，連関図である．

　親和図は，アンケートや製品に関係する言語情報の中で，混沌とした状態をうまく整理するうえで似たような言語情報を集め，グルーピングする．そして，そのグルーピングしたことをどのように要約・表現できるかが重要である．結果として，混沌とした状態からうまく要約していくことが重要となる．親和図の例を図4.1に示す．

　この図4.1は，ある自動車販売店の営業におけるあるべき姿の親和図の一例である．自動車製造企業にとって，系列の自動車販売店からのユーザーの声・意見は，大切な分析すべき情報である．これをうまく収集することも大切である．そこで，営業の組織としてあるべき姿を洗い出し，現状とのギャップを把握することで，問題・課題を把握し，解決し，組織強化へとつなげることが重要である．この例ではあるべき姿について20個の意見が集められ，それぞれをグルーピングし，まとめていくと，「業務遂行力」，「顧客情報の管理体制の維持・改善力」，「業務の適正処理」の3つに集約化された．今後はこの3つを中心に営業組織体制の強化へとつなげていくことが重要であることが明確になった．

　連関図は，図の中心に問題・課題を明示し，なぜそのようなことが起こるかについて，一次要因を出し，「なぜなぜ」を繰り返していく．また要因間についての関連について矢印を提示し，要因間の関係が一次方向だけでなく，多数

4.1 データ(数値, 数値化, 言語)のまとめ方　53

あるべき姿「自動車販売店の営業における内外の品質の維持がされ、かつ品質改善・向上も推進されている」

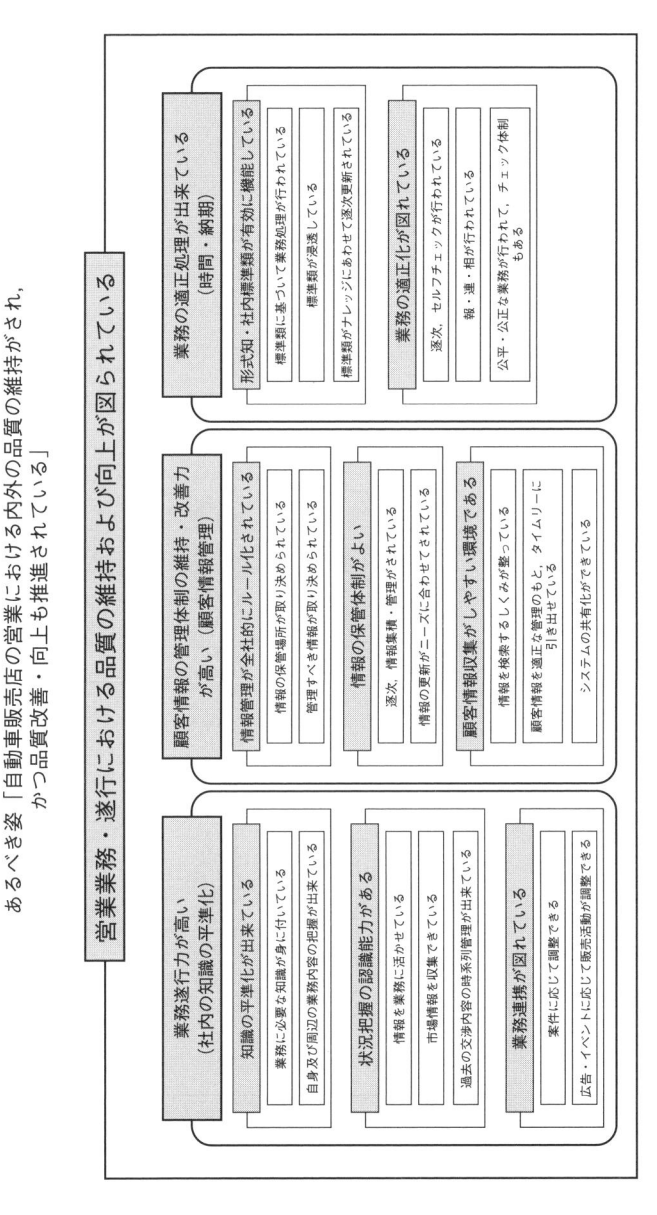

営業業務・遂行における品質の維持および向上が図られている

業務の適正処理が出来ている（時間・納期）
- 形式知・社内標準類が有効に機能している
- 標準類に基づいて業務処理が行われている
- 標準類が浸透している
- 標準類がナレッジにあわせて逐次更新されている

業務の適正化が図れている
- 逐次、セルフチェックが行われている
- 報・連・相が行われている
- 公平・公正な業務が行われて、チェック体制もある

顧客情報の管理体制の維持・改善力が高い（顧客情報管理）
- 情報管理が全社的にルール化されている
- 情報の保管場所にルールが決められている
- 管理すべき情報内容にルールが決められている

情報の保管体制がよい
- 逐次、情報集積・管理がされている
- 情報の更新がニーズに合わせてされている

顧客情報収集がしやすい環境である
- 情報を検索するしくみが整っている
- 顧客情報を適正な管理のもと、タイムリーに引き出せている
- システムの共有化ができている

業務遂行力が高い（社内の知識の平準化）
- 知識の平準化が出来ている
- 業務に必要な知識が身に付いている
- 自身及び周辺の業務内容の把握が出来ている

状況把握の認識能力がある
- 情報を業務に活かせている
- 市場情報を収集できている
- 過去の交渉内容の時系列管理が出来ている

業務連携が図れている
- 案件に応じて調整できる
- 広告・イベントに応じて販売活動が調整できる

図4.1 「自動車販売店の営業におけるあるべき姿」の親和図

54　第4章　データ分析 —基礎編—

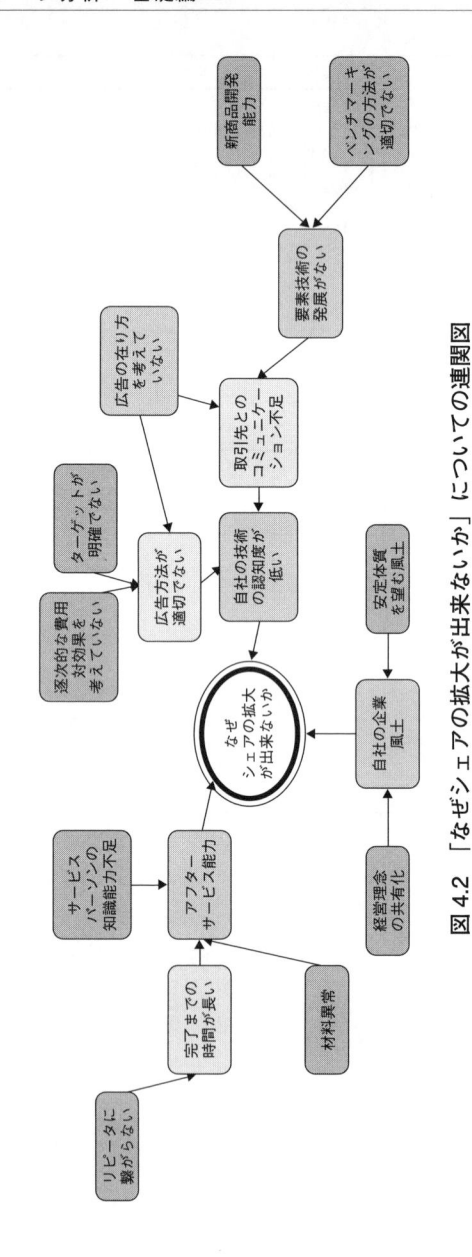

図4.2 「なぜシェアの拡大が出来ないか」についての連関図

の因果関係も示される場合もある．この点から，問題・課題の構造を明確にするうえで非常に重要である．連関図の例を図 4.2 に示す．

図 4.2 は，ある企業の自社製品が他社製品のシェアに競争優位性を持たないことで，「なぜシェアの拡大が出来ないか」について連関図に整理したものである．これにより，「自社技術の認知度」，「新製品開発力」，「アフターサービスの在り方」，「企業風土」などが出てきた．今後は，これらの問題・課題を詳細分析し，解決することによりシェアの拡大を目指すべきである．

企業においても因果関係が複雑な場合が多く，上述した親和図，連関図は非常に重要なまとめ方である．詳細は『新 QC 七つ道具入門』（日科技連出版社）を参照されたい．

4.2 データのグラフ化と視覚化

本節で重要なことは，次の 2 点である．
1) 仮説として考えたことを母集団にあてはめた場合，的確に現しているか．
2) グラフ化をしたときに，1)が明解になっているか．

簡単なことのように思えるが，昨今のグローバル化により，資料作成者やその周辺は理解しているものの，資料が一人歩きして，別の解釈に誤解されないように背景も考えて表現しなければならない．

[例1]　統計局によると，国勢調査の結果として，平成 17 年の人口（1 億 2,776 万人）を年齢 3 区分別に見ると，15 歳未満人口は 1,752 万人（総人口の 13.7％），15～64 歳人口は 8,409 万人（同 65.8％），65 歳以上人口は 2,567 万人（同 20.1％）となっている（図 4.3）．

[例2]　文部科学省「学校基本調査」によると，平成 23 年度の 18 歳人口は 120 万人と予測される．18 歳人口は，平成 4 年をピークに年々減少している（図 4.4）．

[例1]は，65 歳以上の人口が 25％に近づいていることを示している．これ

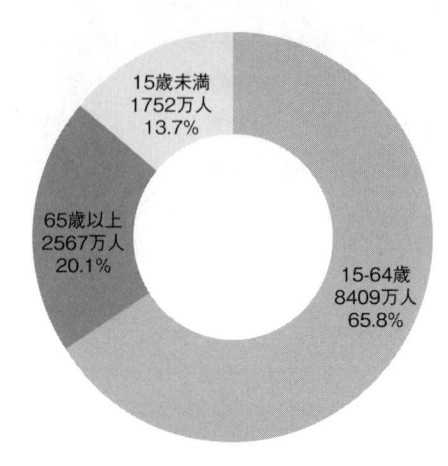

図4.3　日本の大別した人口の割合
（出所）総務省統計局・政策統括官・統計研修所ホームページ

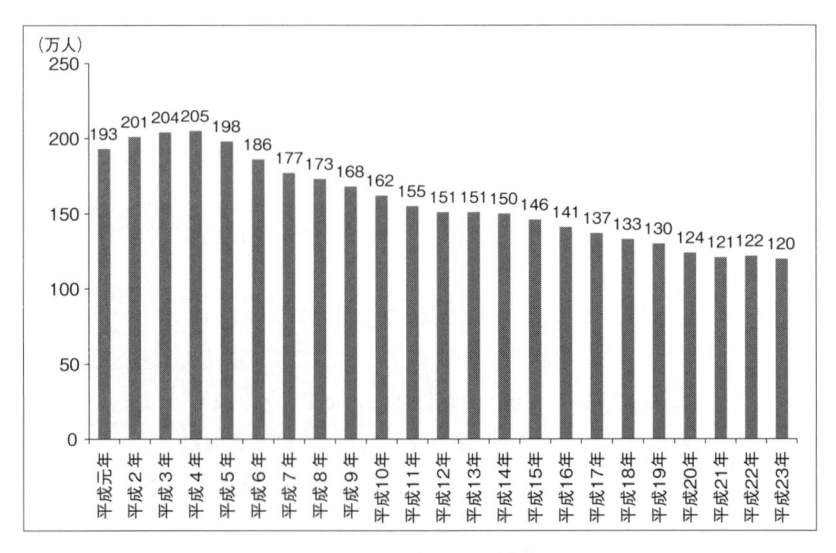

図4.4　18歳人口の推移
（出所）文部科学省ホームページ「学校基本調査」から数値を抜粋し，グラフ化した．

したは平成17年時点を示している．最近のスーパーやデパート，通販を含め，65歳付近をターゲットにした商品が多く販売されている．製品開発については，この人口比の点に留意して市場調査をする必要がある．一方，アジアの経済発展の海外向けの商品についてはこの図はあてはまらない．それぞれの国・地域の市場動向に合わせて製品開発をしなければならない．

［例2］は，18歳の人口推移を視覚化したものである．一目で減少していることがわかる．日本の大学において全入時代といわれて久しいが，これは日本の人口推移を見た場合の一つの視点である．一方，世界各国から多くの留学生を受け入れている米国のような留学生制度を充実している国では，国内の18歳人口の低下が直接的に大学入学数の低下へはつながらない．しかし，米国においても過渡期において，競争力導入に伴う一部の大学の淘汰が進んだ時期があった．

また，新幹線の車両の前方・後方部分にゲーム機の広告が掲載してあった．今までのゲーム機の対象は若年者であったが，頭を使うトレーニングや家族で楽しむゲームへと変遷している．これは対象となる年代の市場が減少していくため，ゲーム機の品質機能や役割を変化させていることが伺える．

4.3　ビジネスにおける確率と統計

一つの判断をすると，うまくいく場合とそうでない場合がある．これをコイントスのように表裏の出る確率がそれぞれ50％ずつというとらえ方ではなく，うまくいった場合の進め方，うまくいかなかった場合の進め方に着目する必要がある．すなわち，進め方のプロセスに着目することである．物事の判断をする際のプロセスの着眼点は，次の3点について考える．

1) 前提となる仮説に基づきデータをとる．
2) データを目的に合わせて解析する．
3) 2)の情報に基づいて，判断や傾向について客観性を必ず持つ．

確率は考えられる事象のうち，目的とする事象の起こる確からしさであり，

そのために統計的なデータをとる必要がある．

　［例1］　スマートフォンに関わる新製品開発についてのデータの一例．
- a)　現在の使用者数
- b)　年代別，男女構成比
- c)　職業別
- d)　主として使うシーン・目的
- e)　市場における需要増加推移と予測
- f)　現在の携帯とスマートフォンの満足度調査
- g)　機能品質の強化点

この中で，a)，b)，c)，e)，f)のそれぞれについて，データを採取し，グラフ化により傾向を探る．次に，b)のデータから，年代別に違いがあるのか，男女別に違いがあるのかについて判断をしたい場合がある．その際，確率に基づいて判断を行う．d)，g)についてはシーン，目的，強化点を明確にする．

4.4　統計的推測と判断

確率による判断を進めていく上で，統計的な判断と推測が必要となる．ここでいう判断は検定(test)といい，推測は推定(estimation)という．

4.4.1　検定

検定に際しては，母集団からランダムに得られたサンプルのデータを用いる．母集団に関する推測を行うことを統計的推測という．この統計的推測は仮説検定(単に検定ともいう)と推定で構成されている．

データが計量値のデータか計数値のデータかによって，「計量値に関する検定と推定」か「計数値に関する検定と推定」かのいずれかを用いる．検定と推定の考え方は同様の基本的概念である．次のような例題を考えてみる．

　［例1］　ある大型店舗の過去1年間の売上高の平均を計算すると，一日平

均100万円であった．このたび周辺の幹線道路が整備されたので，商圏の拡大とともに来店客の増加が予測された．そこで駐車場面積および店舗面積を拡大し，従来の紙媒体の広告の他にITを利用した電子媒体でのクーポン等の戦略を展開することとなった．投資効果と回収の観点から投資は回収できる見込みが立った．しかし，店舗拡大後の売上高が一日平均120万円を超えるかどうか知りたい．毎日の売上データは管理項目になっており，15日間のデータをとってみると，一日平均145万円だった．本テーマの主題は母集団の分布の平均，すなわち母平均 μ が変わったかどうかを知りたいことである．

なお，ばらつきに関しては，この特性の母分散は店舗拡大後も変わらず，母集団の分散 $\sigma^2=5$ であることがわかっているものとする．この母分散は過去の他の事例から変わらないことが固有技術の点からわかっている．

[例1]は，売上高が特性値である．店舗拡大後，15日間の特性である売上高の平均値が145万円というだけで，今後，売上高が120万円より大きくなると判断することはできない．それは店舗拡大後の平均値145万円は，あくまでも15日間の平均値であって，新たに15日間抜き取ってきて特性を測定した場合に，その平均値が常に120万円より大きいとは限らないからである．

このようなとき，15日間の売上高の平均値145万円から店舗拡大後の特性が120万円より大きくなるといえるかどうかを判断するのに用いられるのが，検定である．

検定とは，母集団(主として母数)に関する何らかの命題(帰無仮説といい，H_0 で表す)を設定し，その命題が成り立っていないといえるかどうか，すなわち棄却できるかどうかについて，サンプルから得たデータに基づいて判断することをいう．

帰無仮説 H_0 は，検定統計量を定めたり，棄却域を設けたりするもので，「無

① $H_0: \mu = \mu_0$

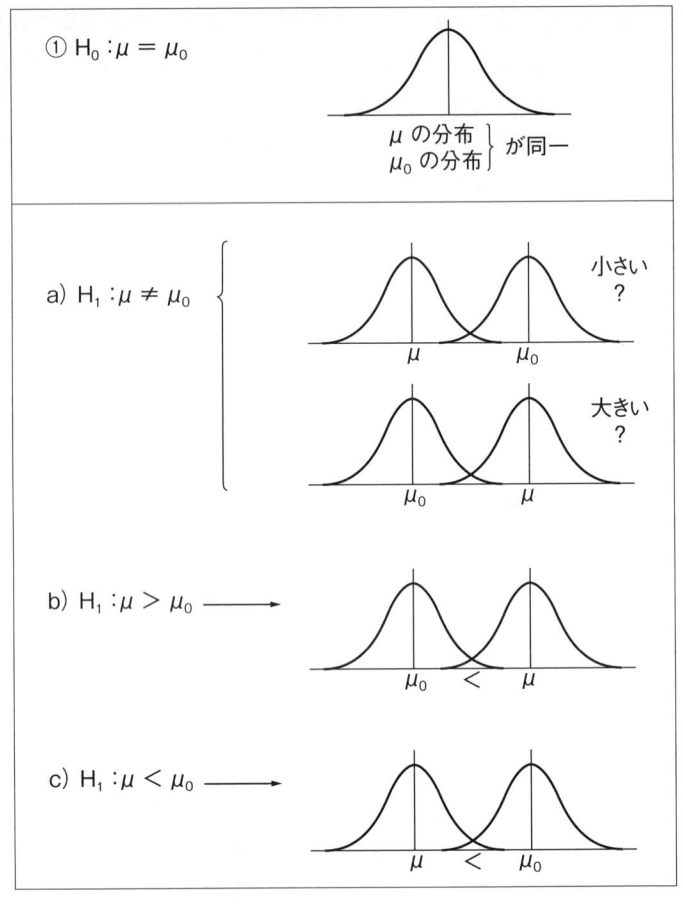

$\left.\begin{array}{l}\mu \text{ の分布} \\ \mu_0 \text{ の分布}\end{array}\right\}$ が同一

a) $H_1: \mu \neq \mu_0$ 小さい？

大きい？

b) $H_1: \mu > \mu_0 \longrightarrow$ $\mu_0 < \mu$

c) $H_1: \mu < \mu_0 \longrightarrow$ $\mu < \mu_0$

図 4.5　帰無仮説 H_0 と対立仮説 H_1 のイメージ図

に帰する」であり，棄却することを意図した仮説である．このような意味から帰無仮説は，「ゼロ仮説」ともいわれる．

帰無仮説 H_0 が棄却されたときに採択する仮説が対立仮説 H_1 で，対立仮説 H_1 は，検定によって成り立っているかどうかを知りたい仮説を設定する．そ

れぞれの仮説 H は hypothesis の頭文字である．

帰無仮説 H_0 と対立仮説 H_1 について分布の観点から**図 4.5** に図示した．この図は例えば母集団の分布の母平均を従来と比較して考えるとき，大きい場合，小さい場合，異なる場合のイメージがつかみやすい．

4.4.2 推定

推定とは，母集団の母平均や母分散といった母数の値をサンプルから得たデータに基づいて推測することである．4.4.1 項の［例 1］にあるように，売上高の母平均がいくらになるかを知るのに用いられるのが，推定である．

推定には，母数をただ 1 つの値で推定する点推定と，母数の存在範囲を一定の確からしさ(信頼率，信頼係数ともいう)で推定する区間推定とがある．

（1）　点推定

点推定は，母集団の情報である母数を 1 つの値で推定することである．正規母集団 $N(\mu, \sigma^2)$ の母平均 μ の推定を例にする．母平均 μ をサンプルから得たデータに基づいて推定することになり，μ の推定ができる．

（2）　区間推定

区間推定は，ある確からしさで母数が存在する区間を推定することである．正規母集団 $N(\mu, \sigma^2)$ の母平均 μ の推定を例にすると，サンプルから得たデータに基づいて信頼上限 μ_U と信頼下限 μ_L を求めることである．

信頼上限と信頼下限を合わせて信頼限界，信頼上限と信頼下限で挟まれる区間を信頼区間という．この信頼区間の幅を信頼幅という．信頼区間が母数(ここでは母平均 μ)を含む確率を信頼率(信頼係数ともいわれる)といい，$1-\alpha$ で表される．信頼率 $1-\alpha$ には通常 0.95(95%) もしくは 0.99(99%) が用いられる．

μ_U の U は upper confidence limit，μ_L の L は lower confidence limit を意味する．信頼率 95% とは，求められた信頼区間の中に母平均 μ が存在する確か

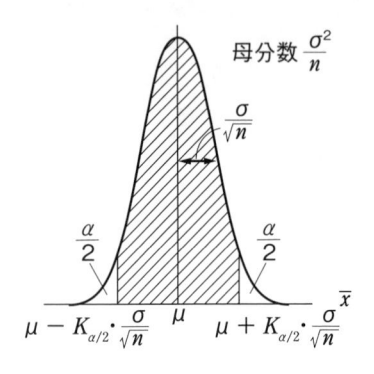

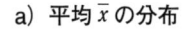

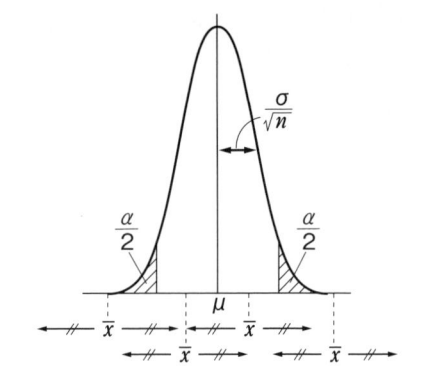

図4.6　$\bar{x}$の分布 a) と信頼区間 b)

らしさである．$N(\mu, \sigma^2)$から大きさがnのサンプルをランダムに100回抜き取ってきて，その都度求めた100個の信頼区間の中に，母平均μを含まないものが5個ある可能性(確からしさ)を意味する．

上記，点推定と区間推定について，正規母集団を仮定した場合を図示すると図4.6のようになる．a)から平均の分布，b)から信頼区間の動きがイメージできる．

4.5　Excel 関数について

本書では，統計数値，例えば標準正規分布の値やt分布の値に関しては，例題とともにすでに明記して解析を進めている．この節では，正規分布，t分布，χ^2分布，F分布について，Excelの関数を使って求める方法を以下に述べる．

本書では，Excel 2010を基本としているが，Excel 2000 – Excel 2003まで使える関数も示す．

図4.7のfxをクリックすると，図4.8のような画面が出てくる．この後の関数の選定は付録を参照すると操作方法がわかる．

4.5 Excel 関数について　63

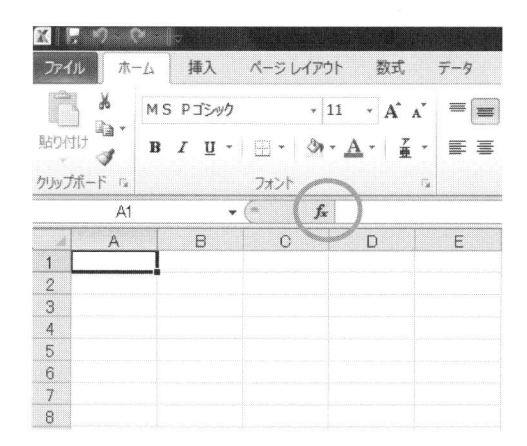

図 4.7　Excel 2010 の初期画面

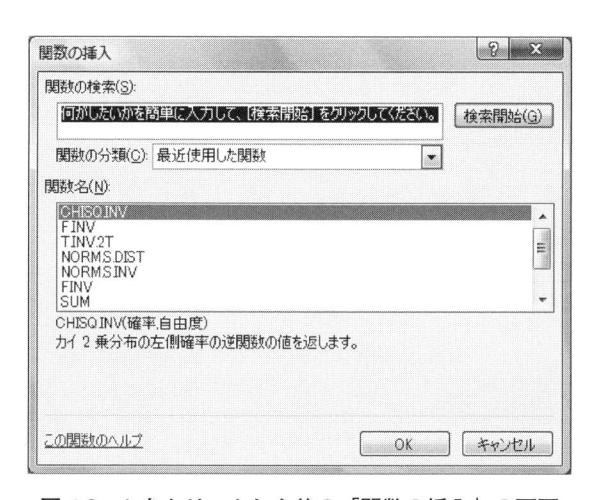

図 4.8　*fx* をクリックした後の「関数の挿入」の画面

4.5.1 正規分布の関数について

標準正規分布で $-K_{0.05}$ の場合の出力は，図 4.9 のようになる．また $+K_{0.05}$ の場合は図 4.10，$-K_{0.025}$ の場合は図 4.11，$+K_{0.025}$ の場合は図 4.12 となる．

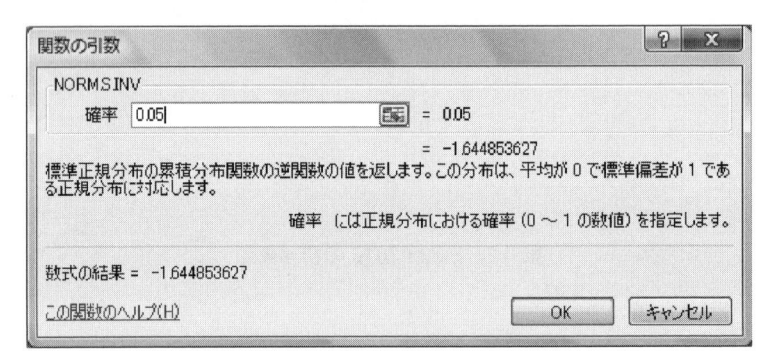

図 4.9　Excel 2010 での標準正規分布の出力（$-K_{0.05}$ の場合）

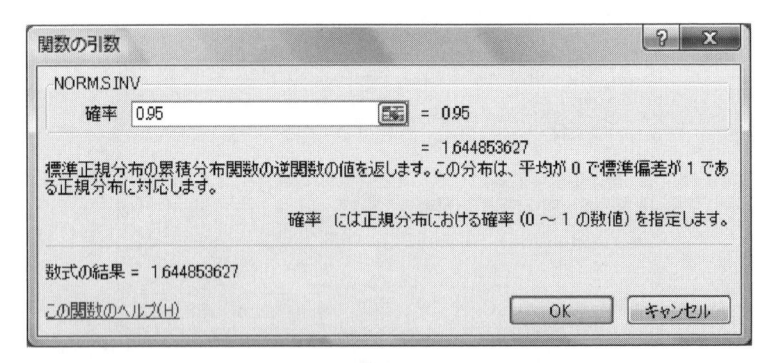

図 4.10　Excel 2010 での標準正規分布の出力（$+K_{0.05}$ の場合）

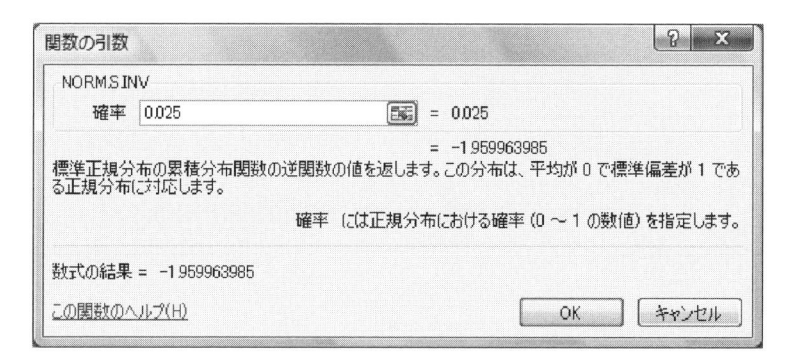

図 4.11　Excel 2010 での標準正規分布の出力（$-K_{0.025}$ の場合）

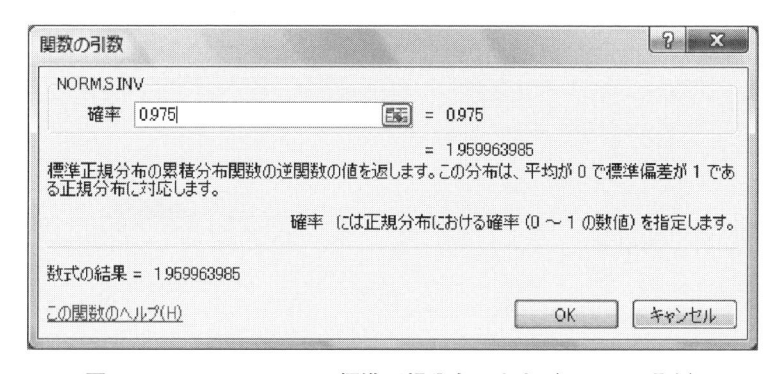

図 4.12　Excel 2010 での標準正規分布の出力（$+K_{0.025}$ の場合）

なお，図 4.13 に示すように「この関数は Excel 2007 以前のバージョンと互換性があります」との表示がある．図 4.13 は平均が 0，標準偏差が 1 のときの関数である．この関数，ある任意の確率の場合の K の値を出力できる．

一方，図 4.14 は標準化されていない正規分布である．この場合，目的とする母集団の平均と標準偏差を入力し，ある任意の確率を指定したときの標準正規分布の K に相当する値が出力される．

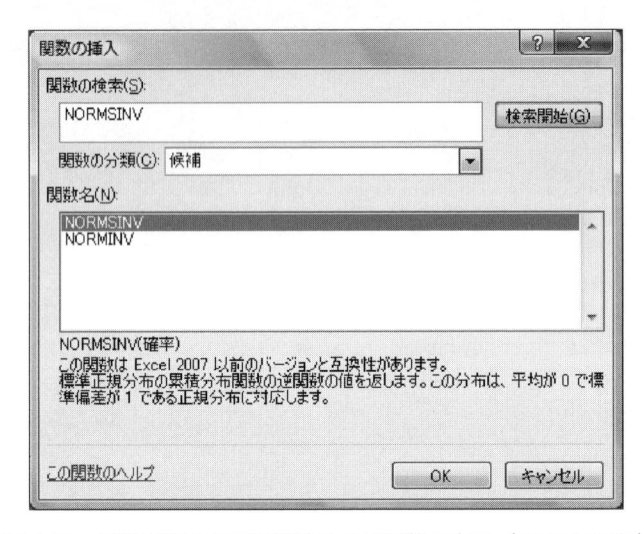

図 4.13　標準正規分布で互換性のある関数の表示（NORMSINV）

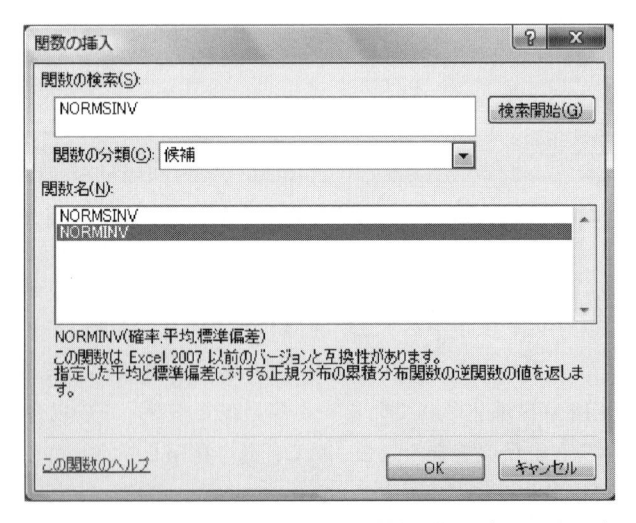

図 4.14　正規分布で互換性のある関数の表示（NORMINV）

またKの値からP値の求め方は，図4.15のように出力する．出力された値は0.975であるので1から引く必要がある(1 − 0.975 = 0.025)．

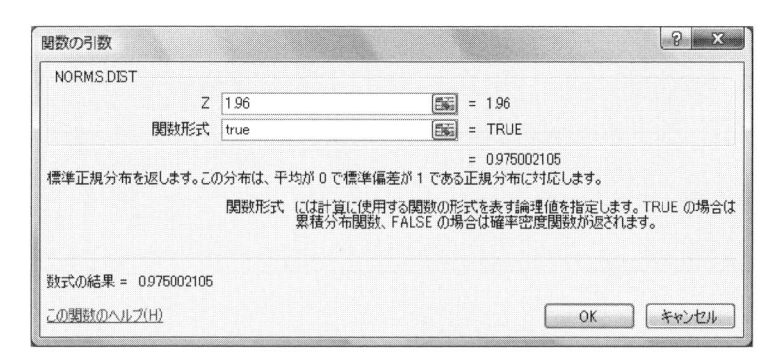

図4.15　Kの値からP値の出力

4.5.2　t分布の関数

t分布について，$t(\phi, P)$の場合，例えば，$t(13, 0.05) = 2.160$の出力は図4.16のようにする．

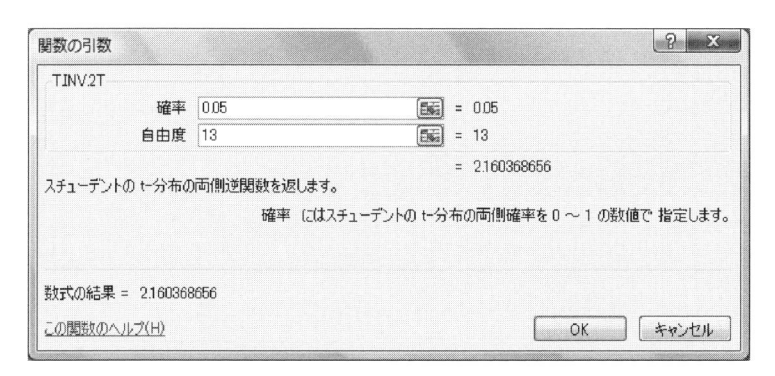

図4.16　t分布の場合の数値の求め方

この場合の Excel の画面では，$t(13, 0.05)$ の場合は図 4.17，$-t(13, 0.05)$ の場合は図 4.18 となる．

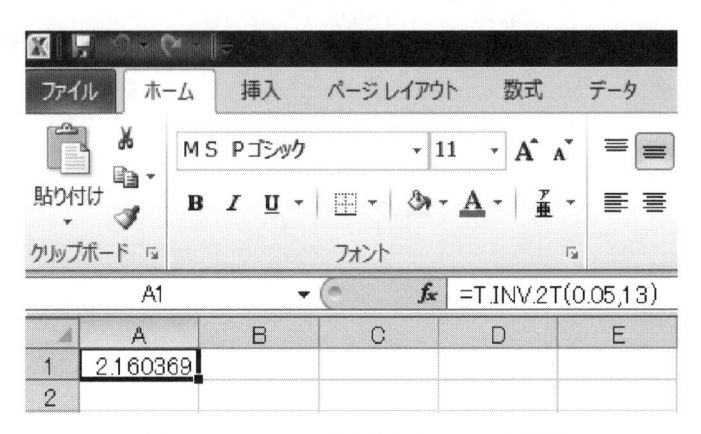

図 4.17　$t(13, 0.05)$ の場合の Excel の画面

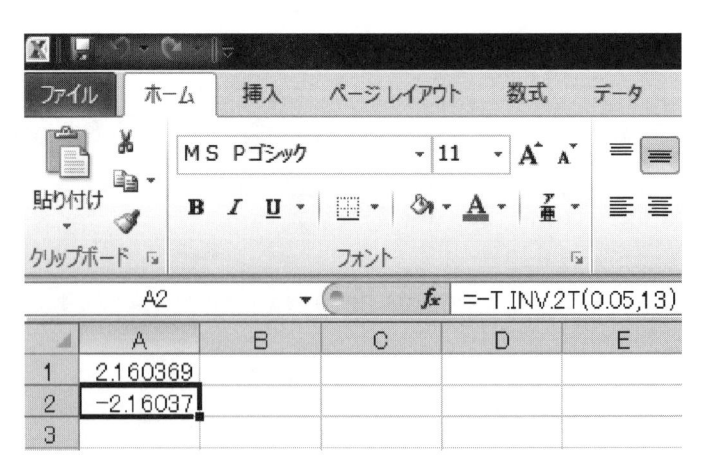

図 4.18　$-t(13, 0.05)$ の場合の Excel の画面

4.5.3 χ^2 分布の関数

χ^2 分布の場合，$\chi^2(\phi, \alpha)$ とすると，例えば，$\chi^2(5, 0.05) = 11.07$ は図 4.19 のようになる．

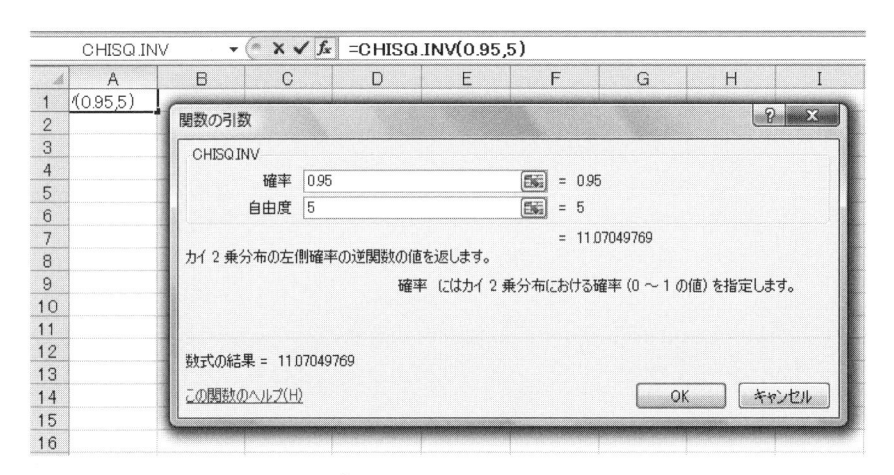

図 4.19 $\chi^2(5, 0.05)$ の場合の Excel の画面

4.5.4 F 分布の関数

F 分布の場合，$F(\phi_1, \phi_2 ; \alpha)$ とすると，例えば，$F(5, 10 ; 0.05) = 3.33$ は図 4.20 のようになる．

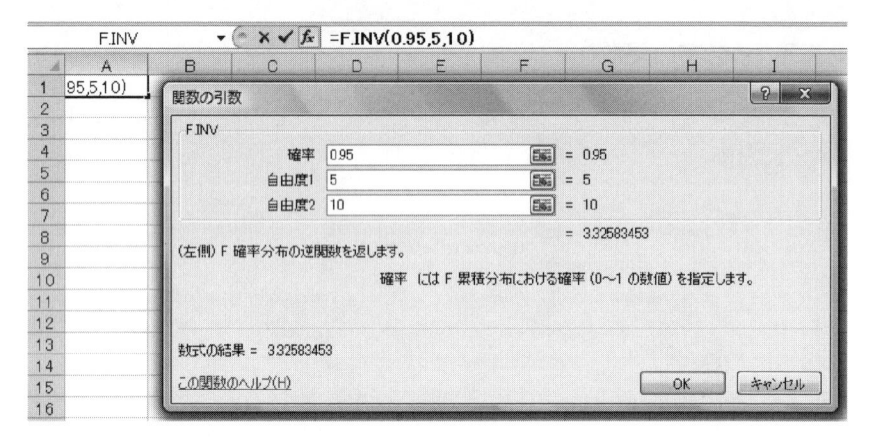

図 4.20　$F(5, 10 ; 0.05)$ の場合の Excel の画面

以上から，Excel で各種分布の数値表の値を求めることができる．数値表の値は INV，P 値は DIST をそれぞれの関数の表記に続けて入力するイメージを持っておくとよい．

第5章

データ分析 —中級編—

　本章では，計量値のデータの検定・推定，分散分析，相関と回帰について述べる．計量値データを視覚化する方法とそれを解析する方法がある．本章では後者の場合について述べていく．5.1 節では，例題を通して適用の考え方を理解し，5.2 節，5.3 節では分散分析と相関・回帰分析の基礎的事項を理解して欲しい．

　なお，5.1 節の例題では計量値データの扱い方の基本となるので，例題の背景は工学的な要素を含めた．

5.1 検定と推定

5.1.1項から5.1.6項までにいくつかの例題を提示する．各手法の手順については，例題を参照しながら解析手順を把握して欲しい．

5.1.1 例題1(1つの母平均に関する検定・推定：母分散既知)

A社では，電気炊飯器を製造している．他社の商品について様々なベンチマークをした．その結果，電気炊飯器1台がお米を炊くために必要な消費電力量全体のうち，お米を炊くためだけに使用されている消費電力量が低いことがわかった．そこで現在，電力消費量の母平均は35(単位省略)であるが，試作品を作ってみると，出来上がりの味が消費電力量に影響することがわかった．そこでその電力消費量を向上させたいとの要望があった．そこで，試作を重ね，生産技術の立場から大量生産できる工程改善を行った．

工程改善後の電力消費量の母平均について，ランダムに10個のデータを採取した結果を表5.1に示す．

なお，改善後の電力消費量の母分散は従来の母分散 $\sigma^2 = 4.0^2$ と同じとする．

表5.1 データ表 (単位：省略)

データ	35	42	34	38	39	45	32	39	41	33

以下の設問に答えよ．
① 工程改善により電力消費量の母平均は目的を達したかどうかを有意水準5%で検定せよ．
② 工程改善後の，電力消費量の母平均の点推定と信頼率95%の区間推定を行え．

5.1 検定と推定

【解答手順】
（1） 母平均の検定（母分散既知）
手順1：仮説の設定
$$H_0 : \mu = \mu_0, (\mu_0 = 35.0)$$
$$H_1 : \mu > \mu_0$$
手順2：有意水準の設定
$$\alpha = 0.05$$
手順3：棄却域の設定
$$R : u_0 \geq K_{0.05} = 1.645$$
手順4：検定統計量の計算
$$\bar{x} = \frac{\Sigma x_i}{n} = \frac{35+42+34+38+39+45+32+39+41+33}{10} = \frac{378}{10} = 37.8$$

手順4のデータより，$\bar{x} = 37.8$ となる．また，$n = 10$，$\sigma^2 = 4.0^2$ であるから，
$$u_0 = \frac{\bar{x} - \mu_0}{\sqrt{\sigma^2/n}} = \frac{37.8 - 35}{\sqrt{4.0^2/10}} = 2.214$$
となる．

手順5：判定と結論
　$u_0 = 2.214 > K_{0.05} = 1.645$ となるので有意である．
　帰無仮説 H_0 を棄却して，「工程改善後の電力消費量の母平均 μ は従来の値 $\mu_0 = 35$ より向上したといえる」と判断する．

（2） 母平均の推定
手順1：点推定
$$\hat{\mu} = \bar{x} = 37.8$$
手順2：区間推定
　信頼率95%の μ の信頼区間を求める．
$$(\bar{x} - K_{0.025}\sqrt{\frac{\sigma^2}{n}}, \bar{x} + K_{0.025}\sqrt{\frac{\sigma^2}{n}})$$

$$= (37.8 - 1.960\sqrt{\frac{4.0^2}{10}},\ 37.8 + 1.960\sqrt{\frac{4.0^2}{10}})$$
$$= (35.3,\ 40.3)$$

よって，工程改善後の電力消費量の母平均は，点推定値で 37.8 となり，信頼率 95％の区間推定は 35.3 〜 40.3 となった．

5.1.2 例題 2(1 つの母分散に関する検定・推定)

A 社では，電気炊飯器を製造している．従来，電力消費量の母分散は 7.0^2(単位省略)である．ばらつきが大きいと不良が発生する場合が多くあることがわかった．そこで，母分散を小さくするための工程改善を行った．工程改善後の母分散が小さくなったかどうかを調べるために，ランダムに 10 個のデータを採取した結果を，表 5.2 に示す．

表 5.2 データ表 (単位：省略)

データ	35	42	34	38	39	45	32	39	41	33

以下の設問に答えよ．
① 工程改善により電気炊飯器の電力消費量の母分散が目的を達したかどうかを有意水準 5％で検定せよ．
② 工程改善後の電気炊飯器の電力消費量の母分散の点推定および信頼率 95％の区間推定を行え．

【解答手順】
(1) 母分散に関する検定
手順 1：仮説の設定
$H_0 : \sigma^2 = \sigma_0^2,\ (\sigma_0^2 = 7.0^2)$
$H_1 : \sigma^2 < \sigma_0^2$

手順2：有意水準の設定

$\alpha = 0.05$

手順3：棄却域の設定

$R : x_0^2 \leq x^2(9 ; 0.95) = 3.33$　　$(\phi = n-1 = 10-1 = 9)$

手順4：検定統計量の計算

データより，

$$S = \Sigma x_i^2 - \frac{(\Sigma x_i)^2}{n} = 14450 - \frac{378^2}{10} = 161.60$$

$$x_0^2 = \frac{S}{\sigma_0^2} = \frac{161.60}{7.0^2} = 3.298$$

が求まる．

手順5：判定と結論

$R : x_0^2 = 3.298 < x^2(9, 0.95) = 3.33$ となるので有意である．帰無仮説 H_0 を棄却して，「工程改善によって電力消費量の母分散 σ^2 は 7.0^2 より小さくなった」と判断する．

（2）　母分散の推定

手順1：点推定

$$\widehat{\sigma}^2 = V = \frac{S}{n-1} = \frac{161.60}{9} = 17.9556 = 4.24^2$$

手順2：区間推定

信頼率95%の σ^2 の信頼区間を求める．$\phi = n-1 = 10-1 = 9$ である．

$$\left(\frac{S}{x^2(9 ; 0.025)}, \frac{S}{x^2(9, 0.975)} \right) = \left(\frac{161.60}{19.0228}, \frac{161.60}{2.70039} \right)$$

$$= (8.4951, 59.8432)$$

$$= (2.91^2, 7.74^2)$$

よって，工程改善後の電力消費量の母分散は，点推定値で 4.24^2 となり，信頼率95%の区間推定は $2.91^2 \sim 7.74^2$ となった．

5.1.3 例題3（1つの母平均に関する検定・推定：母分散未知）

　A社では，電気炊飯器を製造している．従来，例題1と同様に電力消費量の母平均は35（単位省略）であるが，例題1と同様の背景から電力消費量を向上させるために工程改善を行った．工程改善後，母平均が向上したかについて，ランダムに10個のデータを採取した結果を，表5.3に示す．

表5.3　データ表　　　　　　　　　　　　　　　　　　（単位：省略）

データ	35	42	34	38	39	45	32	39	41	33

以下の設問に答えよ．
- ① 工程改善により電力消費量の母平均は目的を達したかどうかを有意水準5%で検定せよ．
- ② 工程改善後の，電力消費量の母平均の点推定と信頼率95%の区間推定を行え．

【解答手順】
　（1）　母平均の検定
手順1：仮説の設定
　　　　$H_0 : \mu = \mu_0$,　$(\mu_0 = 35.0)$
　　　　$H_1 : \mu > \mu_0$
手順2：有意水準の設定
　　　　$\alpha = 0.05$
手順3：棄却域の設定
　　　　$R : t_0 \geq t(\phi, 2\alpha) = t(9, 0.10) = 1.833$　$(\phi = n-1 = 10-1 = 9)$
手順4：検定統計量の計算
　　データより，

$$\bar{x} = \frac{\Sigma x_i}{n} = \frac{35+42+34+38+39+45+32+39+41+33}{10} = \frac{378}{10} = 37.8$$

$$S = \Sigma x_i^2 - \frac{(\Sigma x_i)^2}{n} = 14450 - \frac{378^2}{10} = 161.60$$

$$V = \frac{S}{n-1} = \frac{161.60}{9} = 17.9556$$

$$t_0 = \frac{\bar{x} - \mu_0}{\sqrt{V/n}} = \frac{37.8 - 35}{\sqrt{17.9556/10}} = 2.090$$

が求まる．

手順5：判定と結論

$t_0 = 2.090 > t(9, 0.10) = 1.833$ となるので有意である．

帰無仮説 H_0 を棄却して，「工程改善後の電力消費量の母平均 μ は従来の値 $\mu_0 = 35$ より向上したといえる」と判断する．

(2) 母平均の推定

手順1：点推定

$$\hat{\mu} = \bar{x} = 37.8$$

手順2：区間推定

信頼率95％の μ の信頼区間を求める．

$$(\bar{x} - t(9, 0.05)\sqrt{\frac{V}{n}}, \bar{x} + t(9, 0.05)\sqrt{\frac{V}{n}})$$

$$= (37.8 - 2.262\sqrt{\frac{17.9556}{10}}, 37.8 + 2.262\sqrt{\frac{17.9556}{10}})$$

$$= (34.8, 40.8)$$

よって，工程改善後の電力消費量の母平均は，点推定値で37.8となり，信頼率95％の区間推定は34.8～40.8となった．

例題1と例題3のデータは同じ値に設定している(表5.1, 表5.3)．両方とも

母平均に関する検定と推定である．しかし，例題1は母分散既知であり正規分布を適用する．一方，例題3は母分散未知のためt分布を適用する．

5.1.4　例題4(2つの母分散の比に関する検定と推定)

A社では，電気炊飯器を製造している．今回，取引先から電気炊飯器のコストダウンの要求があった．そこで，従来のA法に加え，B法が開発された．しかし，B法はコストは満足するものの，重要な特性値である電力消費量について，A法とB法でばらつき(母分散)に違いがあるかどうかを検討したい．A法とB法で製造された電気炊飯器をそれぞれランダムに採取し，電力消費量を測定した結果を表5.4に示す．

表5.4　データ表　　　　　　　　　　　　　　　(単位：省略)

A法	35	42	34	38	39	45	32	39	41	33	
B法	39	33	34	28	37	34	27	29	38	29	30

以下の設問に答えよ．
　① A，B法について，電力消費量の母分散は目的を達したかどうかを有意水準5%で検定せよ．
　② A，B法について，2つの電力消費量の分散の比に関して，点推定と信頼率95%の区間推定を行え．

【解答手順】
　(1) 2つの母分散の比の検定
手順1：仮説の設定
$$H_0 : \sigma_A^2 = \sigma_B^2$$
$$H_1 : \sigma_A^2 \neq \sigma_B^2$$
手順2：有意水準の設定

$\alpha = 0.05$

手順3：棄却域の設定

$R : V_A \geqq V_B$ のとき，$F_0 = V_A/V_B \geqq F(9, 10 ; 0.025) = 3.78$
または，$V_A < V_B$ のとき，$F_0 = V_B/V_A \geqq F(10, 9 ; 0.025) = 3.96$
($\phi_A = n_A - 1 = 10-1 = 9, \phi_B = n_B-1 = 11-1 = 10$)

手順4：検定統計量の計算

データより，

$$S_A = \Sigma x_{Ai}^2 - \frac{(\Sigma x_{Ai})^2}{n_A} = 14450 - \frac{378^2}{10} = 161.60$$

$$V_A = \frac{S_A}{n_A-1} = \frac{161.60}{9} = 17.9556$$

$$S_B = \Sigma x_{Bi}^2 - \frac{(\Sigma x_{Bi})^2}{n_B} = 11830 - \frac{358^2}{11} = 178.73$$

$$V_B = \frac{S_B}{n_B-1} = \frac{178.73}{10} = 17.8730$$

が求まる．$V_A > V_B$ だから，

$$F_0 = \frac{V_A}{V_B} = \frac{17.9556}{17.8730} = 1.00$$

である．

手順5：判定と結論

$F_0 = 1.00 < F(9, 10 ; 0.025) = 3.78$ となるので有意でない．帰無仮説 H_0 を棄却せず，「A法とB法の電力消費量の母分散は異なるとはいえない」と判断する．

（2） 2つの母分散の比の推定

手順1：点推定

$$\widehat{\sigma_A^2/\sigma_B^2} = \frac{V_A}{V_B} = \frac{17.9556}{17.8730} = 1.00$$

手順2：区間推定

信頼率95％の σ_A^2/σ_B^2 の信頼区間を求める.
$\phi_A = n_A - 1 = 10 - 1 = 9, \phi_B = n_B - 1 = 11 - 1 = 10$ である.

$$\left(\frac{1}{F(9, 10 ; 0.025)} \cdot \frac{V_A}{V_B}, F(10, 9 ; 0.025) \cdot \frac{V_A}{V_B}\right) = \left(\frac{1}{3.78} \cdot 1.00, 3.96 \cdot 1.00\right)$$
$$= (0.26, 3.96)$$

よって，A法とB法の母分散の比は，点推定値で1.00となり，信頼率95％の区間推定は0.26～3.96となった.

F表(2.5％)表，すなわち $F(\phi_1, \phi_2 ; 0.025)$ の値は，巻末の数値表には載せていないので Excel の関数で求める. $F(9, 10 ; 0.025)$ の場合，= F.INV(0.975, 9, 10) となる.

5.1.5 例題5（2つの母平均の差に関する検定と推定）

A社では，電気炊飯器を製造している．今回，取引先から電力消費量を減少させて欲しいとの要求があった．そこで，従来のA法のほかに，B法が開発された．A法とB法で製造された電気炊飯器を，それぞれランダムに採取し，電力消費量を測定した結果を表5.5に示す.

表5.5　データ表　　　　　　　　　　　　　　　（単位：省略）

A法	35	42	34	38	39	45	32	39	41	33	
B法	39	33	34	28	37	34	27	29	38	29	30

以下の設問に答えよ.
① B法について，電力消費量がA法より減少したかどうかについて有意水準5％で検定せよ.
② A法とB法の電力消費量母平均の差について点推定と信頼率95％の区間推定を行え.

(1) 2つの母平均の差の検定

手順1：仮説の設定

$H_0 : \mu_A = \mu_B$

$H_1 : \mu_A > \mu_B$

手順2：有意水準の設定

$\alpha = 0.05$

手順3：棄却域の設定

$R : t_0 \geq t(\phi_A + \phi_B, 2\alpha) = t(19, 0.10) = 1.729 \ (\phi_A + \phi_B = 9 + 10 = 19)$

手順4：検定統計量の計算

データより，

$$\bar{x}_A = \frac{378}{10} = 37.8, \ \bar{x}_B = \frac{358}{11} = 32.5$$

$$S_A = \Sigma x^2_{Ai} - \frac{(\Sigma x_{Ai})^2}{n_A} = 14450 - \frac{378^2}{10} = 161.60$$

$$\left(V_A = \frac{S_A}{n_A - 1} = \frac{161.60}{9} = 17.9556 \right)$$

$$S_B = \Sigma x^2_{Bi} - \frac{(\Sigma x_{Bi})^2}{n_B} = 11830 - \frac{358^2}{11} = 178.73$$

$$\left(V_B = \frac{S_B}{n_B - 1} = \frac{178.73}{10} = 17.8730 \right)$$

$$V = \frac{S_A + S_B}{n_A + n_B - 2} = \frac{161.60 + 178.73}{10 + 11 - 2} = 17.912$$

$$t_0 = \frac{\bar{x}_A - \bar{x}_B}{\sqrt{V\left(\frac{1}{n_A} + \frac{1}{n_B}\right)}} = \frac{37.8 - 32.5}{\sqrt{17.912 \left(\frac{1}{10} + \frac{1}{11}\right)}} = 2.866$$

が求まる．

手順5：判定と結論

$t_0 = 2.886 > t(19, 0.10) = 1.729$ となるので有意である．

帰無仮説 H_0 を棄却して,「B法はA法より電力消費量の母平均は減少したといえる」と判断する.

(2) 母平均の差の推定
手順1：点推定

$$\widehat{\mu_A - \mu_B} = \bar{x}_A - \bar{x}_B = 37.8 - 32.5 = 5.3$$

手順2：区間推定

$$(\bar{x}_A - \bar{x}_B - t(19, 0.05)\sqrt{V\left(\frac{1}{n_A} + \frac{1}{n_B}\right)}, \bar{x}_A - \bar{x}_B + t(19, 0.05)\sqrt{V\left(\frac{1}{n_A} + \frac{1}{n_B}\right)})$$

$$= (5.3 - 2.093\sqrt{17.912\left(\frac{1}{10} + \frac{1}{11}\right)}, 5.3 + 2.093\sqrt{17.912\left(\frac{1}{10} + \frac{1}{11}\right)})$$

$$= (1.4, 9.2)$$

よって，A法とB法を用いたときの電力消費量の母平均の差は，点推定値で5.3となり，信頼率95％の区間推定で1.4～9.2となった.

5.1.6　例題6(対応のある2つの母平均の差に関する検定と推定)

A社では，電気炊飯器を製造している．取引先から釜の伝導率を低下させて欲しいとの要求があった．そこで従来のA法のほかに，B法が開発された．また，この釜は耐久材の影響を受けることが考えられる．そこで，A法とB法で製造された釜を，それぞれランダムに選んだ耐久材(10種類)で実験し，測定した結果を表5.6に示す．

表 5.6　釜の伝導率のデータ表

（単位：省略）

耐久材 No.	1	2	3	4	5	6	7	8	9	10
A 法	35	42	34	38	39	45	32	39	41	33
B 法	39	33	34	28	37	34	27	29	38	29
d	−4	9	0	10	2	11	5	10	3	4

以下の設問に答えよ．

① A法よりB法の方が，伝導率の母平均が低下したかどうかについて有意水準5%で検定せよ．

② A法とB法の伝導率の母平均の差について，点推定と信頼率95%の区間推定を行え．

【解答手順】

（1） 2つの母平均の差の検定

手順1：仮説の設定

　　　$H_0 : \mu_A = \mu_B$

　　　$H_1 : \mu_A > \mu_B$

手順2：有意水準の設定

　　　$\alpha = 0.05$

手順3：棄却域の設定

　　　$R : t_0 \geq t(\phi_d, 2\alpha) = t(9, 0.10) = 1.833$　（$\phi_d = n-1 = 10-1 = 9$）

手順4：検定統計量の計算

　データより，

$$\bar{d} = \frac{\Sigma d_i}{n} = \frac{50}{10} = 5.00$$

$$S_d = \Sigma d_i^2 - \frac{(\Sigma d_i)^2}{n} = 472 - \frac{50^2}{10} = 222.0$$

$$V_d = \frac{S_d}{n-1} = \frac{222.0}{9} = 24.667$$

$$t_0 = \frac{\bar{d}}{\sqrt{\frac{V_d}{n}}} = \frac{5.0}{\sqrt{\frac{24.667}{10}}} = 3.184$$

が求まる．

手順5：判定と結論

$t_0 = 3.184 > t(9, 0.10) = 1.833$ となるので有意である．

帰無仮説 H_0 を棄却して，「A法よりB法の方が伝導率の母平均は低下したといえる」と判断する．

（2） 母平均の差の推定

手順1：点推定

$$\widehat{\mu_A - \mu_B} = \bar{d} = 5.0$$

手順2：区間推定

$$\left(\bar{d} - t(9, 0.05)\sqrt{\frac{V_d}{n}},\ \bar{d} + t(9, 0.05)\sqrt{\frac{V_d}{n}} \right)$$

$$= \left(5.0 - 2.262\sqrt{\frac{24.667}{10}},\ 5.0 + 2.262\sqrt{\frac{24.667}{10}} \right)$$

$$= (1.45,\ 8.55)$$

すなわち，A法とB法の電力消費量の母平均の差は，点推定値で5.0となり，信頼率95％の区間推定で 1.45 ～ 8.55 となった．

5.2 分散分析

分散分析は，前節の検定・推定の延長線上として考えて欲しい．検定・推定

は,例題や説明のように1つの母集団,2つの母集団の扱いまでである.例えば,母平均についてA,B,Cの3つ母集団の比較があった場合,AとB,AとC,CとBの3つの検定・推定を行わなければならない.こうなると有意水準は,全体として5%を超えてしまう.

そこで,3つの組み合わせを同時にする方法として,多重比較がある.背景を含めて,多重比較の方法や考え方が難しいと感じるのか,ビジネスの場面ではあまり適用の場面は見かけない.一般的に,分散分析の適用により,3つ以上の母集団の平均値の比較として分散分析を行うことが多いので,本節では分散分析について述べる.

5.2.1 分散分析の背景と概念

分散分析は実験計画法と呼ばれる考え方の1つでもあり,実験計画法の基本的な説明をする.実験計画法とは,「実験を計画するための方法」である.この実験計画法は,1920年代にフィッシャー(R. A. Fisher)によって導出された考え方であり,農学,工学等の様々な分野で適用されている.ここでは,フィッシャーの唱えている3つの原理について述べる.

a) 無作為化の原理

実験を行う際に,無作為化(ランダム化)しないと,実際に取り上げた要因以外の影響が偏りとして実験結果に入ってくるため,偏りを避ける意味で実験全体を無作為化することをいう.このことにより,すべての実験結果に確率的に影響が均一に入るようになる.

b) 繰り返しの原理

実験によって結果が得られるが,その再現性については繰り返しによって確かめる.すなわち,結果の再現性を高めるために,同じ実験を繰り返すことである.実験は回数を増加させると,実験結果の信頼性が高まることによって,再現性を確認することができる.サンプルの大きさnの場合,平均値の分布を考えてみる.このとき,分散は,元の分散の$1/n$になる.このことからも

再現性の重要性は理解できる．また繰り返すことにより実験の精度を高めることにつながる．

c) 小分けの原理（局所管理）

小分けの原理は，局所管理の原理ともいわれ，実験の場を時間・空間的に分ける，もしくは層別する．このことにより，分けられたもしくは層別された中身は均一なものになることである．この場合，層内は均一であるが，層間は異

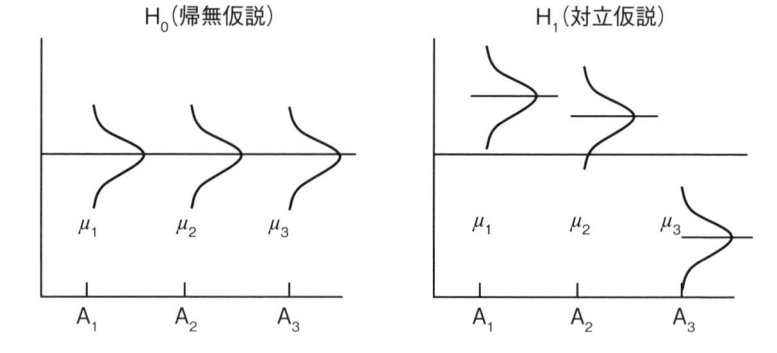

図5.1　帰無仮説と対立仮説のイメージ

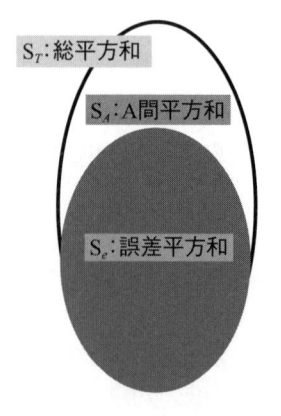

図5.2　分散分析における平方和のイメージ

なる．したがって，実験の場のばらつきが小さくなるので，要因効果の検出力が高くなる．小分けの原理は，実験日や原材料ロットなどに適用される．

検定・推定で，帰無仮説 H_0 と対立仮説 H_1 が出てきたが，一元配置分散分析の場合，**図 5.1** のようになり，平方和のイメージでは**図 5.2** となる．

図 5.2 は各平方和を図的に分解・イメージしたものであり，分散分析は，「ばらつきを分けて(分散)，分析する方法(分析)である」ことがわかる．

（1） 手順の概要について（分散分析）

分散分析の解析で，数値例としては 5.2.2 項で紹介しているが，ここでは，手順の概要について説明する．修正項をまず計算する．この修正項は，平方和の公式であったもので，すでに紹介している．各種平方和の計算を簡単にするために，修正項を最初に求め，続いて，総平方和，A 間平方和，誤差平方和をそれぞれ求める．次に，総自由度，A 間自由度，誤差自由度を計算する．以上をまとめて分散分析表を作成する．**表 5.7** は分散分析表といわれるものであり，左の列から要因，平方和，自由度をそれぞれ入れる．次に平均平方を表の中の式に基づいて求める．この平均平方は，本書の最初の方で不偏分散と呼ばれたものである．最後に V_A と V_e の比を求める．それが F_0 値になる．この F_0 値が有意かどうかは，$F(\phi_A, \phi_e; 0.05)$ の値を超えているかどうかで判断する．

1) 修正項

$$CT = \frac{x_{..}^2}{an} \quad (a:因子 A の水準数，n:繰り返し数)$$

2) 総平方和と自由度 ϕ_T

$$S_T = \sum (個々のデータの 2 乗) - CT \quad \phi_T = an - 1$$

3) A 間平方和と自由度 ϕ_A

$$S_A = \sum \frac{(A_i で実験されたデータの合計)^2}{A_i で実験されたデータ数} - CT \quad \phi_A = a - 1$$

4) 誤差平方和と自由度 ϕ_e

$$S_E = S_T - S_A \quad \phi_E = \phi_T - \phi_A = a(n-1)$$

表 5.7 分散分析表

要因	平方和 S	自由度 ϕ	平均平方 V	F_0 値
A	S_A	ϕ_A	$V_A = S_A/\phi_A$	V_A/V_E
E	S_e	ϕ_e	$V_e = S_e/\phi_e$	
T	S_T	ϕ_T		

5) 推定

5-1) 点推定：$\hat{\mu} = \bar{x_i}.$

5-2) 区間推定：信頼率（信頼係数）$1-\alpha$ の μ の信頼区間

$$\hat{\mu} \pm t(\phi_e;\alpha)\sqrt{\frac{V_e}{n}}$$

表 5.7 で検定の結果，

① 帰無仮説が棄却されない場合には，「Aの水準間には有意な違いがあるとはいえない」と判断する．

② 帰無仮説が棄却された場合には，「Aの水準間に違いがある」と判断し，最適水準の決定を行う．

これは誤差の平均平方と因子Aの平均平方を比較することである．その際，F 分布表にあてはめて因子Aの効果は誤差と考えるべきか，そうではなく水準を変化させることによって得られる影響であるかを検定する．

この検定は，$F_0 \geq F(\phi_A, \phi_E;0.05)$（$\alpha$ は普通，0.05 または 0.01）なら有意と判定し，Aの効果があるとみなす．さらに，有意水準1％で有意であれば，「有意水準1％で高度に有意である」と表現できる．

なお，有意水準5％で有意なら，「有意水準5％で有意である」という表現になる．

もし $F_0 \leq F(\phi_A, \phi_E;0.05)$ のようになれば，「有意水準5％で有意でなく，Aの効果があるとはいえない」という表現になる．

その後，5)の推定をおこなう．このような検定と推定の考え方を用いて解析し，目的とする情報を得るための統計的手法が分散分析である．分散分析には，

取り扱う因子の数によって,「一元配置法」(因子の数が1つ),「二元配置法」(因子の数が2つ),「三元配置法」(因子の数が3つ,なお三元配置法以上のものを多元配置法という)があり,解析は異なるものの基本的な解析手順は同じである.したがってここでは基本的な「一元配置法の分散分析」を紹介している.

先に述べた因子Aの水準の違いによる効果のうち,他の因子に影響されない部分,すなわち因子水準固有の効果を主効果とよぶ.さらに要因という表現があるが,これは因子Aの主効果,誤差の総称を示す.平均平方は,平方和を自由度で割っていることから「平均した平方」ということで表現している.自由度は平均平方を求めて他の因子との比較を正しくおこなうため,総データ数,水準数から平方和をいくらで割るべきであるかを示す値である.

分散分析では,次のような情報が得られる.

a) 要因効果の検定:取り上げた因子の効果があるか?
b) 要因効果の推定:各水準の母平均はいくらであるか?
c) 誤差の推定:実験の場でのばらつきは?

分散分析を行うためには,まず原因系に関する技術的な知識と結果を表すデータ,すなわち,特性値と要因について対応づけることが必要である.そのためには実験のやり方を十分検討し,しっかりした計画を立てた上でデータをとる必要がある.過去のデータを利用して解析を行うこともできなくはないが,これらのデータは一般にその履歴が不明確で,どのような状況のもとで得られたものであるかということがわからないことが多く,また,分散分析を適用するための前提条件を満足しないことがある.分散分析を行うためには,実験計画法にしたがって計画し,実験を行い,データを得ることが大切である.

5.2.2 一元配置分散分析

[例1] 店舗の売上を向上させるために,広告方法のやり方を従来(A_1)に2つ加えて合計3つの方法を実施し,広告の効果を調べることにした.広告方法としては,A_1, A_2, A_3とし,繰り返し4回,合計12回の

実験をランダムな順序で行った．結果を表5.8のデータ表に示す．分散分析による解析をおこなってみる．

表5.8 データ表

(単位：万円／日)

因子の水準	データ				A_i 水準のデータの和	A_i 水準の平均
A_1	214	235	231	248	$T_{A1}=$ 928	$\bar{x}_{A1}=232.0$
A_2	253	260	276	245	$T_{A2}=1034$	$\bar{x}_{A2}=258.5$
A_3	239	243	226	248	$T_{A3}=$ 956	$\bar{x}_{A3}=239.0$
					総計 $T=2918$	総平均 $\bar{\bar{x}}=243.2$

1) データの構造式

$$x_{ij} = \mu + \alpha_i + \varepsilon_{ij} \quad (i=1\sim 3,\ j=1\sim 4)$$
$$\sum_{i=1}^{3}\alpha_i = 0,\quad \varepsilon_{ij} \sim N(0, \sigma^2)$$

2) データのグラフ化(図5.3)

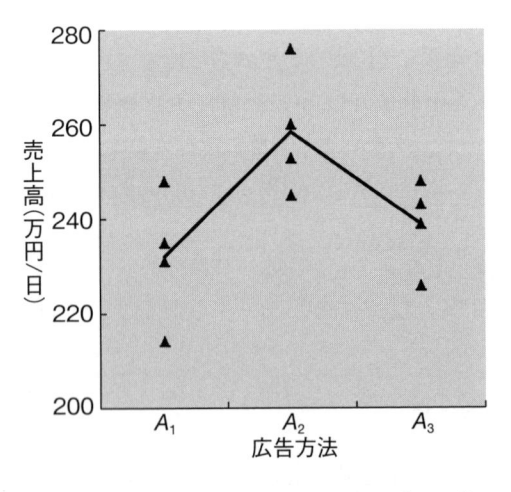

図5.3 広告方法と売上高のグラフ化

5.2 分散分析

3) **平方和と自由度の計算**

・修正項を求める.
$$CT = \frac{(データの総計)^2}{総データ数} = \frac{T^2}{N} = \frac{2918^2}{12} = 709560.33$$

・総平方和を求める.
$$S_T = (個々のデータの2乗和) - CT = \Sigma\Sigma x_{ij}^2 - CT$$
$$= (214^2 + 235^2 + 231^2 + \cdots + 226^2 + 248^2) - 709560.33$$
$$= 712446 - 709560.33 = 2885.67$$

・A間平方和を求める.
$$S_A = \sum_{i=1}^{3} \frac{(A_i\,水準のデータ和)^2}{A_i\,水準のデータ数} - CT = \sum_{i=1}^{3} \frac{T_{Ai}^2}{N_{Ai}} - CT$$
$$= \frac{928^2}{4} + \frac{1034^2}{4} + \frac{956^2}{4} - 709560.33$$
$$= 711069.0 - 709560.33 = 1508.67$$

・誤差平方和を求める.
$$S_e = S_T - S_A = 2885.67 - 1508.67 = 1377.00$$

・自由度の計算をする.
$$\phi_T = (データの総数) - 1 = N - 1 = 12 - 1 = 11$$
$$\phi_A = (Aの水準数) - 1 = a - 1 = 3 - 1 = 2$$
$$\phi_e = \phi_T - \phi_A = 11 - 2 = 9$$

4) **分散分析表の作成**(表 5.9)

表5.9 分散分析表

要因	S	ϕ	V	F_0	$E(V)$
広告方法 A	1508.67	2	754.34	4.93*	$\sigma^2 + 4\sigma_A^2$
誤差 E	1377.00	9	153.00		σ^2
計 T	2885.67	11			

$F(2, 9\,;\,0.05) = 4.26 \qquad F(2, 9\,;\,0.01) = 8.02$

5) 結論

因子 A(広告方法)は有意水準5%で有意である．すなわち，広告方法の違いにより売上高に差があるといえる．

6) 推定(最適水準における母平均の点推定および区間推定)

最適と考えられる水準のときの売上高の母平均の推定は，A_i の母平均を

$$\widehat{\mu}(A_i) = \widehat{\mu + a_i} = \bar{x}_{Ai}$$

と推定する．

(a) 母平均の点推定

表5.8より，A_2 水準が最適と考えられる．その母平均の点推定値は，

$$\widehat{\mu}(A_2) = \bar{x}_{A2} = 258.5 (万円／日)$$

となる．

(b) 区間推定

信頼率95%の信頼区間は，

$$\widehat{\mu}(A_2) \pm t(\phi_E, 0.05)\sqrt{\frac{V_E}{N_{A2}}} = 258.5 \pm t(9, 0.05)\sqrt{\frac{153.00}{4}}$$

$$= 258.5 \pm 2.262 \times 6.18$$

$$= 258.5 \pm 14.0$$

$$= 244.5, 272.5 (万円／日)$$

となる．

表5.9の一番右の列に $E(V)$ があるが，これは平均平方の期待値である．分散分析表には V の値が得られているが，これを数式で記述したものである．なお，詳細は『入門 統計解析法』(日科技連出版社)を参照されたい．

5.2.3 繰り返しのある二元配置分散分析

前項では，一元配置における解析方法を述べた．現場において，1つの因子のみで解析するだけでなく，同時に2つの因子を入れて解析する場合がある．この場合の解析方法を二元配置分散分析という．2つの因子を入れてすべての

組み合わせを実験した場合，2つの因子の効果が統計的に有意かどうかということのほかに，2つの因子が組み合わさったときの効果があるかどうかを検討する場合もある．この2因子間の組み合わさったときの効果を「交互作用」という．

例えば，食品分野において，うまみというものがある．これは，いろいろなうまみが組み合わさったとき，うまみの評価が加法的ではなく，相乗的に評価が増す場合がある．

また，2つの因子が組み合わさると1+1の効果だけでなく，2にも3にもなる効果である．家電量販店がセールを実施するとき，価格が安いということも来店する顧客にとっては重要な要因であるが，売り場面積あたりの来店者数が店舗側が予測した人数に達すると，相乗的に売上高が向上するということもある．これは販売業界において，人数と売上が必ずしも比例関係で伸びていくというだけでなく，相乗的に伸びていくこともあることを示している．

以下に例をあげる．

[例2] Aシネマコンプレックス㈱(以下，シネコンと略す)では，商圏と売上高について調べている．今回，売上高の関与する因子について検討することになり，売上高に影響すると思われる因子として顧客の自宅からシネコンまでの距離を4水準(A_1：3km，A_2：5km，A_3：7km，A_4：10km)，シネコンに来るための手段Bを2水準(B_1，B_2)取り上げ，A，Bの各水準組合せで繰り返し2回，計16回の実験をランダムサンプリングし，売上高の集計を行った．得られたデータを表5.10に示す．データは数値変換しており，単位を省略してある．数値は高い方が好ましい．分散分析をおこなってみる．

表 5.10 売上高のデータ

（単位省略）$x_{ijk}(a=4, b=2, n=2)$

因子 A の水準	因子 B の水準	
	B_1	B_2
A_1	−52	12
	−30	46
A_2	−4	72
	38	50
A_3	22	48
	8	0
A_4	−6	−18
	−38	10

以下の①～④について解析する．

① データをグラフ化し，考察せよ．
② データの構造式を示せ．
③ 分散分析を行い，要因効果の有無を検討せよ．
④ 最適条件を決定し，その条件での母平均の点推定値および，信頼率95％の区間推定を求めよ．

【解答手順】

1) データのグラフ化と考察

表 5.11 に $x_{ij\cdot}$ という記号がある．これは，x はデータを示しており，i は A の水準，j は B の水準を示す．表 5.10 のデータは，A の水準，B の水準，繰り返しによって決まる．したがって，A の水準に相当するのが i，B の水準に相当するのが j，繰り返しに相当するのが k となる．表 5.11 では・という記号がある．表 5.11 と表 5.10 を比較すると，A と B の組み合わせ水準のデータを合計していることがわかる．このとき，「・」という記号を用いる．以降，水準や合計をしているときに記号表記することがあるので留意して欲しい．

5.2 分散分析

表 5.11　$x_{ij\cdot}$ 表

A \ B	B_1	B_2	$x_{i\cdot\cdot}$
A_1	−82	58	−24
A_2	34	122	156
A_3	30	48	78
A_4	−44	−8	−52
$x_{\cdot j\cdot}$	−62	220	158

表 5.12 は，表 5.11 の各水準組み合わせのデータを 2 乗にしたものである．例えば，A_1B_1 のデータは − 82 であり，2 乗すると 6724 となる．A_1B_1 から A_4B_2 までのデータをそれぞれ 2 乗する．次に行と列の合計をそれぞれ求める．

表 5.12　$x_{ij\cdot}^2$ 表

A \ B	B_1	B_2	$x_{i\cdot\cdot}^2$
A_1	6724	3364	10088
A_2	1156	14884	16040
A_3	900	2304	3204
A_4	1936	64	2000
$x_{\cdot j\cdot}^2$	10716	20616	31332

表 5.13 は AB 二元表といわれるもので，$A_1B_1 \sim A_4B_2$ のそれぞれのセルに合計と平均を求める．さらに行と列のそれぞれの合計と平均も求める．これはグラフ化や推定のときに必要となる．表 5.13 からでも平方和は求められるが，表 5.11 と表 5.12，表 5.13 の関係を理解しておいて欲しい．

表5.13 AB二元表

因子Aの水準	因子Bの水準 B_1		因子Bの水準 B_2		A_i水準のデータの和 A_i水準の平均	
A_1	$T_{A1B1}=$	−82.0	$T_{A1B2}=$	58.0	$T_{A1}=$	−24.0
	$\bar{x}_{A1B1}=$	−41.0	$\bar{x}_{A1B2}=$	29.0	$\bar{x}_{A1}=$	−6.0
A_2	$T_{A2B1}=$	34.0	$T_{A2B2}=$	122.0	$T_{A2}=$	156.0
	$\bar{x}_{A2B1}=$	17.0	$\bar{x}_{A2B2}=$	61.0	$\bar{x}_{A2}=$	39.0
A_3	$T_{A3B1}=$	30.0	$T_{A3B2}=$	48.0	$T_{A3}=$	78.0
	$\bar{x}_{A3B1}=$	15	$\bar{x}_{A3B2}=$	24.0	$\bar{x}_{A3}=$	19.5
A_4	$T_{A4B1}=$	−44.0	$T_{A4B2}=$	−8.0	$T_{A4}=$	−52.0
	$\bar{x}_{A4B1}=$	−22	$\bar{x}_{A4B2}=$	−4.0	$\bar{x}_{A4}=$	−13.0
B_j水準のデータの和	$T_{B1}=$	−62.0	$T_{B2}=$	220.0	総計 $T=$	158.0
B_j水準の平均	$\bar{x}_{B1}=$	−7.75	$\bar{x}_{B2}=$	27.50	総平均 $\bar{x}=$	9.88

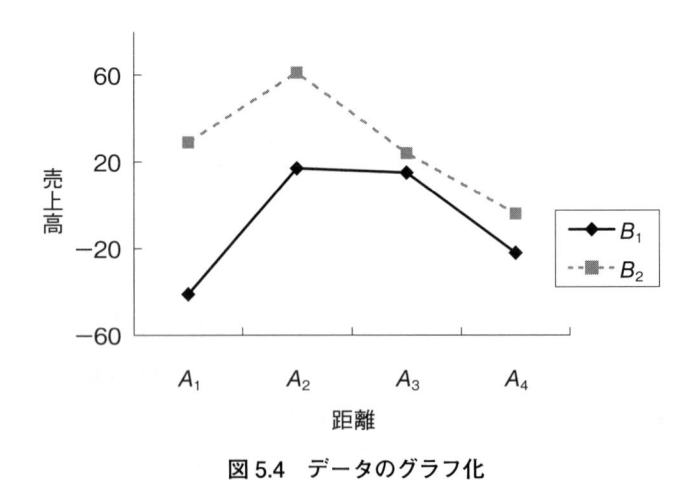

図5.4 データのグラフ化

図 5.4 のデータのグラフ化より，次のような考察が得られる．
① 特に飛び離れたデータはなく，繰返しのばらつきは等分散のようである．
② 主効果 A, B はともに存在しそうである．
③ 交互作用 $A \times B$ はなさそうである．

2) **データの構造式**

$x_{ijk} = \mu + \alpha_i + \beta_j + (\alpha\beta)_{ij} + \varepsilon_{ijk}$

$i = 1, 2, 3, 4, \quad j = 1, 2, \quad k = 1, 2$

$\sum_{i=1}^{4} \alpha_i = \sum_{j=1}^{2} \beta_j = \sum_{i=1}^{4} (\alpha\beta)_{ij} = \sum_{j=1}^{2} (\alpha\beta)_{ij} = 0$

$\varepsilon_{ijk} \sim N(0, \sigma^2)$

3) **分散分析（修正項，各平方和，各自由度を求める）**

$$CT = \frac{(データの総計)^2}{総データ数} = \frac{x_{...}^2}{abn} = \frac{158.0^2}{16} = 1560.25 \quad (a \times b \times n = N)$$

$$S_T = (個々のデータの2乗和) - CT = \Sigma\Sigma x_{ijk}^2 - CT$$
$$= ((-52)^2 + (-30)^2 + 12^2 + \cdots + (-18)^2 + 10^2) - 1560.25$$
$$= 19764 - 1560.25 = 18203.75$$

$$S_A = \sum_{i=1}^{4} \frac{(A_i \text{水準のデータ和})^2}{A_i \text{水準のデータ数}} - CT = \sum_{i=1}^{4} \frac{x_{i..}^2}{bn} - CT$$

$$= \frac{(-24)^2}{4} + \frac{156^2}{4} + \frac{78^2}{4} + \frac{(-52)^2}{4} - 1560.25$$

$$= 8425.00 - 1560.25 = 6864.75$$

$$S_B = \sum_{j=1}^{2} \frac{(B_j \text{水準のデータ和})^2}{B_j \text{水準のデータ数}} - CT = \sum_{j=1}^{2} \frac{x_{.j.}^2}{an} - CT$$

$$= \frac{(-62)^2}{8} + \frac{220^2}{8} - 1560.25$$

$$= 6530.50 - 1560.25 = 4970.25$$

$$S_{AB} = \sum_{i=1}^{4}\sum_{j=1}^{2} \frac{(A_iB_j \text{水準のデータ和})^2}{A_iB_j \text{水準のデータ数}} - CT = \sum_{i=1}^{4} \frac{x_{ij.}^2}{n} - CT$$

$$= \frac{(-82)^2}{2} + \frac{58^2}{2} + \frac{34^2}{2} + \frac{122^2}{2} + \frac{30^2}{2} + \frac{48^2}{2} + \frac{(-44)^2}{2} + \frac{(-8)^2}{2} - 1560.25$$

$$= 15666 - 1560.25 = 14105.75$$

$$S_{A \times B} = S_{AB} - S_A - S_B = 14105.75 - 6864.75 - 4970.25 = 2270.75$$

$$S_E = S_T - S_{AB} = 18203.75 - 14105.75 = 4098.00$$

$\phi_T = (データの総数)-1 = N - 1 = 16 - 1 = 15$

$\phi_A = (Aの水準数)-1 = a - 1 = 4 - 1 = 3$

$\phi_B = (Bの水準数)-1 = b - 1 = 2 - 1 = 1$

$\phi_{A \times B} = \phi_A \times \phi_B = 3 \times 1 = 3$

$\phi_E = \phi_T - (\phi_A + \phi_B + \phi_{A \times B}) = 15 - (3 + 1 + 3) = 8$

(a) 分散分析表の作成

手順3までに求めた平方和,自由度をもとに分散分析表(1)(表5.14)を作成する.

表5.14 分散分析表(1)

要因	S	ϕ	V	F_0	E(V)
A	6864.75	3	2288.3	4.47*	$\sigma^2 + 4\sigma_A^2$
B	4970.25	1	4970.3	9.70*	$\sigma^2 + 8\sigma_B^2$
A × B	2270.75	3	756.9	1.48	$\sigma^2 + 2\sigma_{A \times B}^2$
E	4098.00	8	512.3		σ^2
計	18203.75	15			

$F(1, 8 ; 0.05) = 5.32$　　$F(1, 8 ; 0.01) = 11.3$　　$F(3, 8 ; 0.05) = 4.07$　　$F(3, 8 ; 0.01) = 7.59$

主効果 A, B は5%で有意である.交互作用 $A \times B$ は有意でなく,F_0 値も小さい.プールした分散分析表(2)の作成をする(表5.15).

表 5.15 分散分析表(2)

要因	S	ϕ	V	F_0	$E(V)$
A	6864.75	3	2288.3	3.95*	$\sigma^2 + 4\sigma_A^2$
B	4970.25	1	4970.3	8.58*	$\sigma^2 + 8\sigma_B^2$
E'	6368.75	11	579.0		σ^2
計	18203.75	15			

$F(3, 11 ; 0.05) = 3.59$ $F(3, 11 ; 0.01) = 6.22$ $F(1, 11 ; 0.05) = 4.84$ $F(1, 11 ; 0.01) = 9.65$

プーリングした結果,主効果 A, B はともに 5% で有意である.

4) 最適水準における母平均の推定

(a) 分散分析後のデータの構造式

表 5.15 より,次のようにデータの構造式を考える(制約条件省略).

$$x_{ijk} = \mu + \alpha_i + \beta_j + \varepsilon_{ijk}$$
$$\varepsilon_{ijk} \sim N(0, \sigma^2)$$

(b) 最適条件の決定と点推定

(a) のデータの構造式より $A_i B_j$ の水準組合せの母平均を,

$$\widehat{\mu}(A_i B_j) = \widehat{\mu + \alpha_i} + \widehat{\mu + \beta_j} - \widehat{\mu} = \bar{x}_{Ai} + \bar{x}_{Bj} - \bar{\bar{x}}$$

と推定する.表 5.13 より A は $\bar{x}_{Ai}$ の一番大きくなる A_2 水準,B は $\bar{x}_{Bj}$ の一番大きくなる B_2 水準とする.

点推定:$\widehat{\mu}(A_2 B_2) = \bar{x}_{A2} + \bar{x}_{B2} - \bar{\bar{x}} = 39.0 + 27.50 - 9.88 = 56.6$

(c) 母平均の区間推定(信頼率:95%)

$$\frac{1}{n_e} = \frac{a + b - 1}{N} = \frac{4 + 2 - 1}{16} = \frac{5}{16}$$

$$\widehat{\mu}(A_2 B_2) \pm t(\phi_E, 0.05) \sqrt{\frac{V_{E'}}{n_e}} = 56.6 \pm t(11, 0.05) \sqrt{\frac{5 \times 579.0}{16}}$$

$$= 56.6 \pm 2.201 \sqrt{\frac{5 \times 579.0}{16}} = 56.6 \pm 29.6 = 27.0, 86.2$$

[例3] Aコミュニケーション㈱では，テレフォンショッピングを事業として行なっている．今回，売上高の関与する因子について検討することになり，売上高に影響すると思われる因子として広告方法を4水準（A_1：インターネットのみ，A_2：新聞，A_3：テレビ，A_4：インターネット，新聞，テレビのメディアミックス）、クーポン配布方法Bを2水準（B_1, B_2）取り上げ、A, Bの各水準組合せで繰り返し2回、計16回の実験をランダムサンプリングし、売上高の集計を行った．得られたデータを**表5.16**に示す．数値は高い方が好ましい．分散分析をおこなってみる．

表5.16　売上高のデータ

（単位：百万円）　x_{ijk} ($a=4, b=2, n=2$)

因子Aの水準	因子Bの水準	
	B_1	B_2
A_1	10 19	40 34
A_2	3 8	23 17
A_3	18 12	2 10
A_4	35 19	23 20

以下の①〜④について解析をする．
　① データをグラフ化し，考察せよ．
　② データの構造式を示せ．

③ 分散分析を行い，要因効果の有無を検討せよ．
④ 最適条件を決定し，その条件での母平均の点推定値および，信頼率95%の区間推定を求めよ．

【解答手順】
1) データのグラフ化と考察
［例2］と同様に表5.17〜表5.19を作成し，データをグラフ化する．

表5.17 $x_{ij\cdot}$ 表

A\B	B_1	B_2	$x_{i\cdot\cdot}$
A_1	29	74	103
A_2	11	40	51
A_3	30	12	42
A_4	54	43	97
$x_{\cdot j\cdot}$	124	169	293

表5.18 $x_{ij\cdot}^2$ 表

A\B	B_1	B_2	$x_{i\cdot\cdot}^2$
A_1	841	5476	6317
A_2	121	1600	1721
A_3	900	144	1044
A_4	2916	1849	4765
$x_{\cdot j\cdot}^2$	4778	9069	13847

表5.19 AB二元表

因子Aの水準	因子Bの水準 B_1		B_2		A_i水準のデータの和 A_i水準の平均	
A_1	$T_{A1B1}=$	29.0	$T_{A1B2}=$	74.0	$T_{A1}=$	103.0
	$\bar{x}_{A1B1}=$	14.5	$\bar{x}_{A1B2}=$	37.0	$\bar{x}_{A1}=$	25.8
A_2	$T_{A2B1}=$	11.0	$T_{A2B2}=$	40.0	$T_{A2}=$	51.0
	$\bar{x}_{A2B1}=$	5.5	$\bar{x}_{A2B2}=$	20.0	$\bar{x}_{A2}=$	12.8
A_3	$T_{A3B1}=$	30.0	$T_{A3B2}=$	12.0	$T_{A3}=$	42.0
	$\bar{x}_{A3B1}=$	15.0	$\bar{x}_{A3B2}=$	6.0	$\bar{x}_{A3}=$	10.5
A_4	$T_{A4B1}=$	54.0	$T_{A4B2}=$	43.0	$T_{A4}=$	97.0
	$\bar{x}_{A4B1}=$	27.0	$\bar{x}_{A4B2}=$	21.5	$\bar{x}_{A4}=$	24.3
B_j水準のデータの和	$T_{B1}=$	124.0	$T_{B2}=$	169.0	総計 $T=$	293.0
B_j水準の平均	$\bar{x}_{B1}=$	15.5	$\bar{x}_{B2}=$	21.13	総平均 $\bar{\bar{x}}=$	18.31

図5.5, 図5.6より，次のような考察が得られる．

① 特に飛び離れたデータはなく，繰返しのばらつきは等分散のようである．
② 主効果A, Bはともに存在しそうである．
③ 交互作用 $A \times B$ はありそうである．

図5.6はJUSE-StatWorksによるグラフ化である．Aのみのグラフ化，Bのみのグラフ化により要因効果とデータのばらつき具合がわかる．またA, Bを両方入れたグラフ化（プロット［AB］，プロット［BA］）により交互作用の有無を検討できる．立体棒グラフもあるが，データを様々な側面からグラフ化することが大切である．

2) データの構造式

$$x_{ijk} = \mu + \alpha_i + \beta_j + (\alpha\beta)_{ij} + \varepsilon_{ijk}$$
$$i = 1, 2, 3, 4, \quad j = 1, 2, \quad k = 1, 2$$
$$\sum_{i=1}^{4}\alpha_i = \sum_{j=1}^{2}\beta_j = \sum_{i=1}^{4}(\alpha\beta)_{ij} = \sum_{j=1}^{2}(\alpha\beta)_{ij} = 0$$
$$\varepsilon_{ijk} \sim N(0, \sigma^2)$$

5.2 分散分析 103

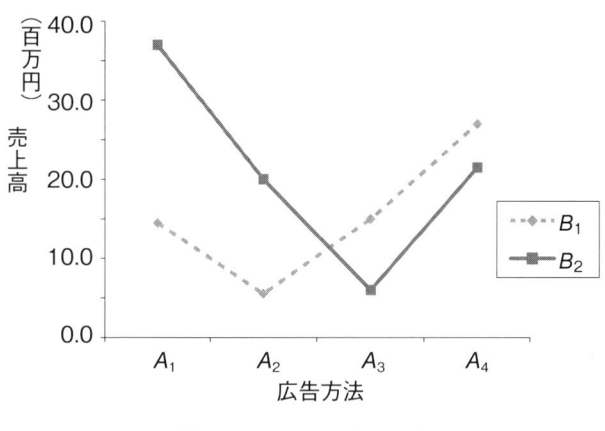

図 5.5 データのグラフ化

〈参考 JUSE-StatWorks Ver4.8 より〉

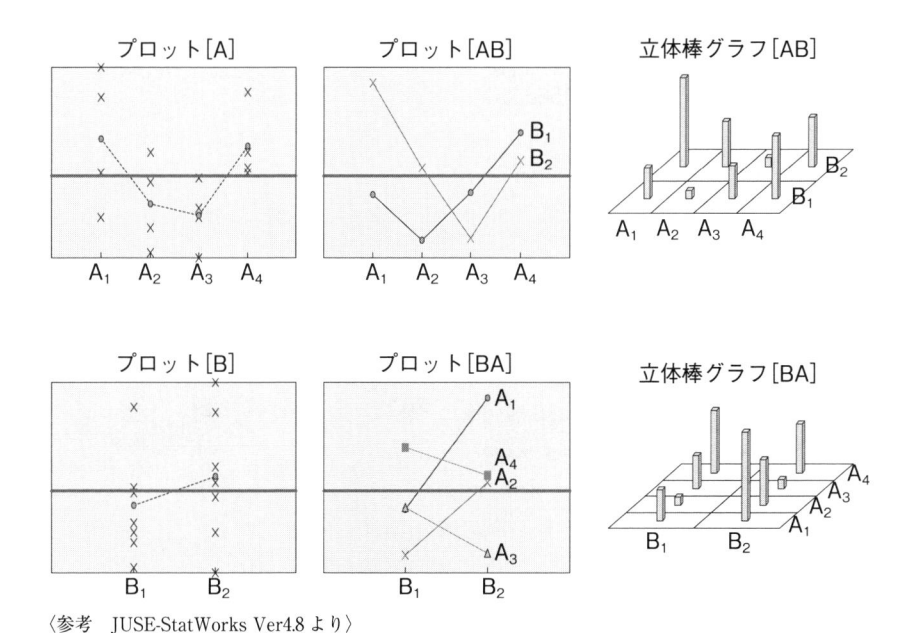

図 5.6 JUSE-StatWorks によるグラフ化

3) 分散分析（修正項，各平方和，各自由度を求める）

$$CT = \frac{(データの総計)^2}{総データ数} = \frac{x...^2}{abn} = \frac{293.0^2}{16} = 5365.56$$

$$S_T = (個々のデータの2乗和) - CT = \Sigma\Sigma x_{ijk}^2 - CT$$
$$= (10^2 + 19^2 + 40^2 + \cdots + 23^2 + 20^2) - 5365.56$$
$$= 7195 - 5365.56 = 1829.44$$

$$S_A = \sum_{i=1}^{4} \frac{(A_i 水準のデータ和)^2}{A_i 水準のデータ数} - CT = \sum_{i=1}^{4} \frac{x_{i..}^2}{bn} - CT$$
$$= \frac{103^2}{4} + \frac{51^2}{4} + \frac{42^2}{4} + \frac{97^2}{4} - 5365.56$$
$$= 6095.75 - 5365.56 = 730.19$$

$$S_B = \sum_{j=1}^{2} \frac{(B_j 水準のデータ和)^2}{B_j 水準のデータ数} - CT = \sum_{j=1}^{2} \frac{x_{.j.}^2}{an} - CT$$
$$= \frac{124^2}{8} + \frac{169^2}{8} - 1560.25$$
$$= 5492.13 - 5365.56 = 126.56$$

$$S_{AB} = \sum_{i=1}^{4}\sum_{j=1}^{2} \frac{(A_i B_j 水準のデータ和)^2}{A_i B_j 水準のデータ数} - CT = \sum_{i=1}^{4} \frac{x_{ij.}^2}{n} - CT$$
$$= \frac{29^2}{2} + \frac{74^2}{2} + \frac{11^2}{2} + \frac{40^2}{2} + \frac{30^2}{2} + \frac{12^2}{2} + \frac{54^2}{2} + \frac{43^2}{2} - 5365.56$$
$$= 6923.5 - 5365.56 = 1557.94$$

$$S_{A \times B} = S_{AB} - S_A - S_B = 1557.94 - 730.19 - 126.56 = 701.19$$
$$S_E = S_T - S_{AB} = 1829.44 - 1557.94 = 271.5$$

$$\phi_T = (データの総数) - 1 = N - 1 = 16 - 1 = 15$$
$$\phi_A = (A の水準数) - 1 = a - 1 = 4 - 1 = 3$$
$$\phi_B = (B の水準数) - 1 = b - 1 = 2 - 1 = 1$$
$$\phi_{A \times B} = \phi_A \times \phi_B = 3 \times 1 = 3$$

$$\phi_E = \phi_T - (\phi_A + \phi_B + \phi_{A \times B}) = 15 - (3 + 1 + 3) = 8$$

(a) **分散分析表の作成**

平方和,自由度の計算結果をもとに分散分析表(表5.20)を作成する.

表5.20 分散分析表

要因	S	ϕ	V	F_0	$E(V)$
A	730.19	3	243.4	7.17*	$\sigma^2 + 4\sigma_A^2$
B	126.56	1	126.6	3.729	$\sigma^2 + 8\sigma_B^2$
$A \times B$	701.19	3	233.7	6.88*	$\sigma^2 + 2\sigma_{A \times B}^2$
E	271.5	8	33.9		σ^2
計	1829.44	15			

$F(1, 8 ; 0.05) = 5.32 \quad F(1, 8 ; 0.01) = 11.3 \quad F(3, 8 ; 0.05) = 4.07 \quad F(3, 8 ; 0.01) = 7.59$

主効果 A,交互作用 $A \times B$ は5%で有意である.主効果 B は有意でないが F_0 値は小さくないので残す.

4) **最適水準における母平均の推定**

(a) **分散分析後のデータの構造式**

表5.20より,次のようにデータの構造式を考える(制約条件省略).

$$x_{ijk} = \mu + \alpha_i + \beta_j + (\alpha\beta)_{ij} + \varepsilon_{ijk}$$

$$\varepsilon_{ijk} \sim N(0, \sigma^2)$$

(b) **最適条件の決定と点推定**

(a)のデータの構造式より $A_i B_j$ の水準組合せの母平均を,

$$\widehat{\mu}(A_i B_j) = \overline{\mu + a_i + b_j + (\alpha\beta)_{ij}} = \bar{x}_{Ai\,Bj}$$

と推定する.表5.19より $A_1 B_2$ 水準となる.

点推定:$\widehat{\mu}(A_1 B_2) = \bar{x}_{A1B2} = 37.0$

(c) **母平均の区間推定(信頼率:95%)**

$$\frac{1}{n_e} = \frac{1}{n} = \frac{1}{2}$$

$$\mu(A_2B_2) \pm t(\phi_E, 0.05)\sqrt{\frac{V_E}{n_e}} = 37.0 \pm t(8, 0.05)\sqrt{\frac{1 \times 33.9}{2}}$$

$$= 37.0 \pm 2.306\sqrt{\frac{1 \times 33.9}{2}} = 37.0 \pm 9.5 = 27.5, 46.5$$

5.2.4 繰り返しのない二元配置分散分析

[例4] PCサプライ㈱は，PC用のサプライ製品を製造・販売している．このたび，インターネット販売での新商品の価格帯と在庫との関係を調査することとなった．商品数の4種類 (A_1, A_2, A_3, A_4) と付加機能の数5水準 (B_1, B_2, B_3, B_4, B_5) についての計20回をランダムに販売して実験をおこない，返品に伴う金額を測定した．得られたデータを表5.21に示す．なお，数値は小さい方が好ましい．分散分析をおこなってみる．

表5.21 データ表 (単位：万円)

	B_1	B_2	B_3	B_4	B_5
A_1	4.0	3.4	4.3	3.7	3.0
A_2	3.1	3.0	4.3	2.9	3.1
A_3	4.3	4.1	5.2	4.1	3.5
A_4	4.5	3.4	5.5	3.6	3.7

以下の①〜④について解析をする．
 ① データの構造式を示せ．
 ② データをグラフ化し，各要因効果について述べよ．
 ③ 分散分析を行い，要因効果を検討せよ．
 ④ 最適条件での母平均の点推定値，および信頼率95％の信頼限界を求めよ．

【解答手順】

1) データの構造式

この実験は，繰り返しのない二元配置法である．なお，a_i は新商品の価格帯，b_j は付加機能の数である．

$$x_{ijk} = \mu + a_i + b_j + \varepsilon_{ijk}$$
$$i = 1, 2, 3, 4$$
$$j = 1, 2, 3, 4, 5$$
$$(a = 4, b = 5)$$
$$\sum_{i=1}^{4} a_i = 0, \sum_{j=1}^{5} b_j = 0, \varepsilon_{ij} \sim N(0, \sigma_e^2)$$

コラム　仕事で「QC的ものの見方・考え方」を

筆者の学生時代，学部・修士課程は農学，後期博士課程は理学であった．現在の大学に就職した当初は商学部，現在は経済学部に在職している．対象となる学問体系によってもモノ・コトの捉え方・考え方が異なっている側面に遭遇する．読者の中にも，学生時代と今を比較して，現在の仕事の内容が異なるという方がむしろ多いのではないだろうか．企業内での経験年数が経過するにつれ，判断・決定をする場面も多くなるだろう．本書でQC的ものの見方・考え方を紹介しているが，この考え方は，データ収集・分析・解析の基本的姿勢として，いろいろな分野に共通的に適用でき，仕事に役に立つ考え方が網羅されている．例えば，プロセス管理は結果のみで判断するのではなく，プロセスでどのように目的とする品質が作り込まれているかを考えるべきである．また源流管理は，川下で品質を管理することは大切であるが，さらに品質を管理する考え方を進めて川上で「品質を作り込んでいく」という考え方である．仕事を進めていく中で，QC的ものの見方・考え方はキーワードとして覚えておいて欲しい．

2) データのグラフ化

図 5.7 から，新商品の価格帯 (A) の効果および付加機能の数 (B) の効果がともにありそうである．金額が最も小さくなるのは A_2B_5 であると思われる．

〈参考 JUSE-StatWorks Ver4.8 より〉

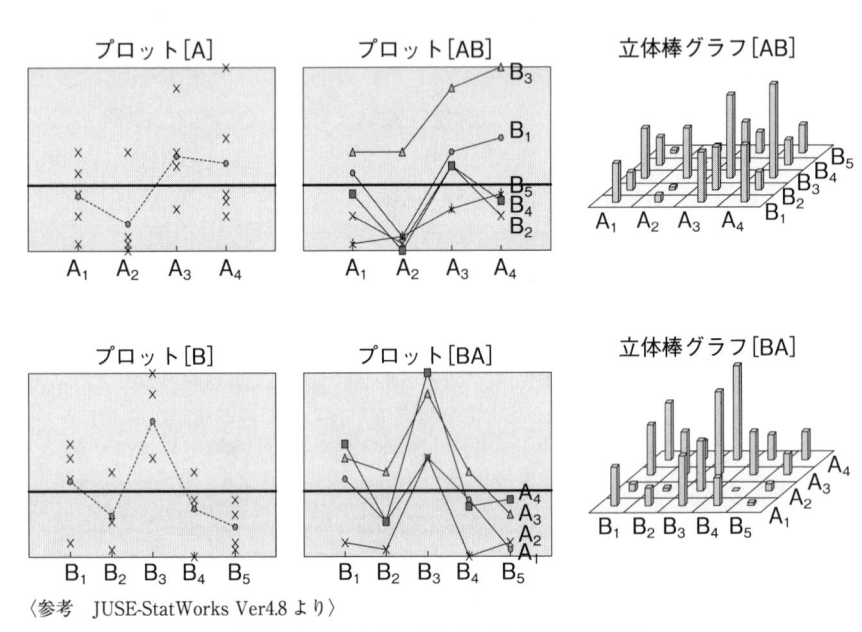

図 5.7　JUSE-StatWorks によるグラフ化

3) 分散分析

5.2.3 項の数値例と同様にデータの 2 要表 (**表 5.22**) と AB 二元表 (**表 5.23**) を作成する．

5.2 分散分析

表 5.22 x_{ijk}^2 表

	B_1	B_2	B_3	B_4	B_5	T_{Ai}
A_1	16.00	11.56	18.49	13.69	9.00	68.74
A_2	9.61	9	18.49	8.41	9.61	55.12
A_3	18.49	16.81	27.04	16.81	12.25	91.40
A_4	20.25	11.56	30.25	12.96	13.69	88.71
T_{Bj}	64.35	48.93	94.27	51.87	44.55	303.97 S_{AB}

表 5.23 AB 二元表

	B_1	B_2	B_3	B_4	B_5	T_{Ai}	T_{Ai}^2
A_1	4.0	3.4	4.3	3.7	3.0	18.4	338.56
A_2	3.1	3.0	4.3	2.9	3.1	16.4	268.96
A_3	4.3	4.1	5.2	4.1	3.5	21.2	449.44
A_4	4.5	3.4	5.5	3.6	3.7	20.7	428.49
T_{Bj}	15.9	13.9	19.3	14.3	13.3	76.7	1485.45 S_A
T_{Bj}^2	252.81	193.21	372.49	204.49	176.89	1199.89	5882.89

S_B

$CT = 5882.89 / 20 = 294.14$

$S_T = \Sigma\Sigma x_{ij}^2 - CT = 303.97 - 294.14 = 9.83$

$\phi_T = N - 1 = 20 - 1 = 19$

$S_A = (T^2_{A1} + T^2_{A2} + T^2_{A3} + T^2_{A4}) / b - CT = 1485.45 / 5 - 294.14 = 2.95$

$\phi_A = a - 1 = 4 - 1 = 3$

$S_B = (T^2_{B1} + T^2_{B2} + T^2_{B3} + T^2_{B4}) / a - CT = 1199.89 / 4 - 294.14 = 5.83$

$\phi_B = b - 1 = 5 - 1 = 4$

$S_e = S_T - S_A - S_B = 9.83 - 2.95 - 5.83 = 1.05$

$\phi_e = \phi_T - \phi_A - \phi_B = 19 - 3 - 4 = 12$

5.2.3 項の数値例と同様に各種平方和と自由度を整理して，表 5.24 の分数分析表を作成する．

表5.24 分散分析表

要因	S	ϕ	V	F_0	$E(V)$
A	2.95	3	0.981	11.2**	$\sigma_e^2 + 5\sigma_A^2$
B	5.83	4	1.457	16.6**	$\sigma_e^2 + 4\sigma_B^2$
E	1.05	12	0.09		σ_e^2
T	9.83	19			

$F(3, 12 ; 0.05) = 3.49 \quad F(4, 12 ; 0.05) = 3.26 \quad F(3, 12 ; 0.01) = 5.95 \quad F(4, 12 ; 0.01) = 5.41$

検定の結果, 要因 A, B ともに有意水準5％で有意である. すなわち, 新商品の価格帯および付加機能の数ともに返品に伴う金額に影響しているといえる.

4) **最適条件での母平均の推定**

表5.23より因子 A については第2水準, 因子 B については第5水準となる.

$$\hat{\mu}(A_2B_5) = \frac{16.4}{5} + \frac{13.3}{4} - \frac{76.7}{20} = 2.77$$

$$\frac{1}{n_e} = \frac{1}{5} + \frac{1}{4} - \frac{1}{20} = \frac{8}{20} = \frac{2}{5}$$

$$\pm\, t(12, 0.05)\sqrt{\frac{2 \times 0.09}{5}} = \pm\, 2.179 \times 0.190 = \pm\, 0.41$$

よって, $\hat{\mu}(A_2B_5) = 2.77 \pm 0.41 = 2.36, 3.18$ （万円）となる

5.3 相関と回帰

5.3.1 相関分析

横軸に x, 縦軸に y をとり, 得られた対になったデータ (x, y) をプロットした図を「散布図」という. 図5.8の散布図を見ると, 2つの変量 x, y があり, x が増加すると y も増加する関係が図より読みとれる. このような関係を「相関関係」という.

図 5.8　相関関係

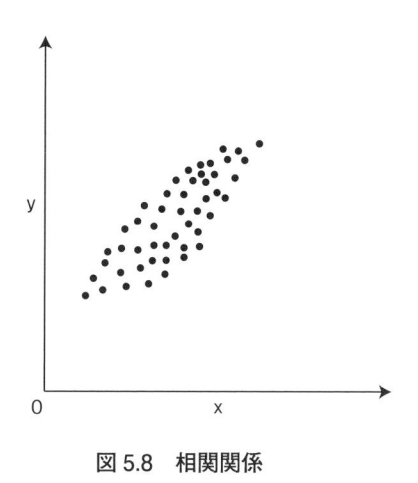

相関関係について x, y の代わりに以下の例を考える．
　［例 1］　人の場合，身長の高い人は低い人よりも一般的に体重が重いといえるだろう．身長（1 つの変量で x と示す）と体重（他の変量で y と示す）との間には相関関係が存在する．
　［例 2］　多くの企業などに勤務する人について，勤続年数 x を聞けば，おおよその年収 y が予想できる．これは年収の中に年功序列型賃金体系を採用しているからである．勤続年数と収入とには密接な相関関係がある．
　［例 3］　BRICs 各国の砂糖の年間消費量 x と酒の年間消費量 y とを調べて，そのデータを図示すると，両者の間には相関関係がある．
　［例 4］　世界各国の石油消費量 x と電力消費量 y の間にも相関関係がある．

　［例 1］，［例 2］については，直感的に図の関係を理解してもらえると思う．［例 3］，［例 4］については，統計データを集めて図示すれば，同様の関係にあることがわかる．

［例2］と［例4］のxとyの間には，原因と結果と見られる関係がある．［例1］と［例3］にはそのような関係はない．［例3］は，砂糖が消費されて酒が製造されるから相関関係を示すのではなく，BRICs各国のGDPの増大に伴い，国民の生活水準が上がり，その結果として砂糖や酒が消費されるようになったためである．よって，砂糖の消費量と酒の消費量は原因と結果という関係にはならない．このような関係を「擬相関」(偽相関)という．図のように一見して関係がありそうだとわかればよいが，われわれが得るデータには，必ず種々の原因によるばらつきを伴う．直感的な判断では「関係がない」のに「関係がある」と誤ってしまったり，「関係がある」のに「関係がない」と判断してしまう誤りがある．このようなときにデータの取扱い方を教える統計的手法が「相関分析」である．

　例えば2種類の測定値(例えば，［例1］の身長と体重)が，複雑な構成を通じて関連していることはわかっている．しかし，いずれかが他方の原因か結果であることがわからない場合がある．

　① 原因と結果の関係が考えられる場合．
　② 一方が他方に従属，影響するとは考えられない場合．

　上記2つのケースについて，2つの測定値の連続変化に対して他の測定値が伴って連続的に変化し，これら対になった2つの値が「2次元正規母集団」からのランダムサンプルであるとき，これらの変量間の「関係の有無」を問題にする分析を上述した相関分析という．

　2次元正規分布(normal bivariate distribution)をする母集団を，2次元正規母集団という．

　計量値の場合には，データは普通，正規分布に従うものと仮定したが，相関のように2つを同時的分布と考えるときは，図5.9に示すような2次元正規分布を仮定する．図の楕円群は等密度線(等高線)を示し，中心の密度が最大となる．またx, y軸，軸での分布は，通常の正規分布を示す．

　相関分析は2次元正規分布を基礎にしているので，xとyの2つの変量の分布対分布を対象とする手法といえる．「対になった測定値」は「対応あるデー

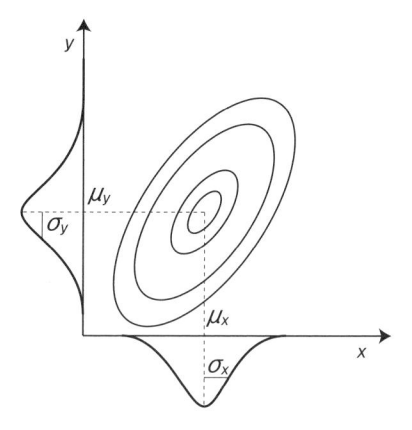

図 5.9　2 次元正規分布

タ」ともいわれ，「対」になっていることが相関分析においては絶対的な必要条件である．

なお，最初に示した［例 1］-［例 4］のように対をなす 2 つのデータ間の関係がどのようになっているかを調べる最初の手掛りとして，この 2 つの特性値について，横軸，縦軸とした散布図を作り，考察することが多い．

すでに前述しているが，このようにして作られたグラフを「散布図」(scatter diagram) とよぶ．

$$\text{相関係数} \quad r = \frac{(S_{xy}; x \text{と} y \text{の偏差の積和})}{\sqrt{(S_{xx}; x \text{の平方和})(S_{yy}; y \text{の平方和})}} \quad (-1 \leq r \leq 1)$$

$$S_{xx} = \sum_{i=1}^{n}(x_i - \bar{x})^2 = \sum_{i=1}^{n} x_i^2 - \frac{(\Sigma x_i)^2}{n}$$

$$S_{yy} = \sum_{i=1}^{n}(y_i - \bar{y})^2 = \sum_{i=1}^{n} y_i^2 - \frac{(\Sigma y_i)^2}{n}$$

$$S_{xy} = \sum_{i=1}^{n}(x_i - \bar{x})(y_i - \bar{y}) = \sum_{i=1}^{n} x_i y_i - \frac{(\Sigma x_i)(\Sigma y_i)}{n}$$

なお，前述しているが相関係数は −1 から +1 の範囲で求められる．次に示す [例5] によって解析と適用について述べる．

[例5] A社の製品企画部では，新商品について，各地域のある年代層の市場占有率 x(%) と売上高 y(百万円) の関係について調査することになった．この2つについて関係があるのではないかと考えられた．そこでランダムに30地域選んで調査した．

得られたデータを表 5.25 に示す．相関分析をおこなう．

表 5.25 データ表 (x：%，y：百万円)

No.	x	y	No.	x	y
1	10	18	16	11	14
2	9	13	17	14	18
3	17	18	18	8	10
4	15	19	19	12	16
5	19	21	20	19	21
6	13	18	21	14	15
7	15	17	22	13	19
8	10	17	23	14	17
9	13	13	24	15	15
10	17	16	25	12	17
11	15	17	26	17	23
12	11	16	27	10	11
13	13	16	28	16	16
14	17	21	29	7	14
15	12	20	30	15	20

【解答手順】

1) 散布図の作成とその考察

市場占有率(x)と売上高(y)について散布図を作成すると，図 5.10 のようになる．特に異常なデータは認められず，xとyの間には，正の相関関係があるように思われる．

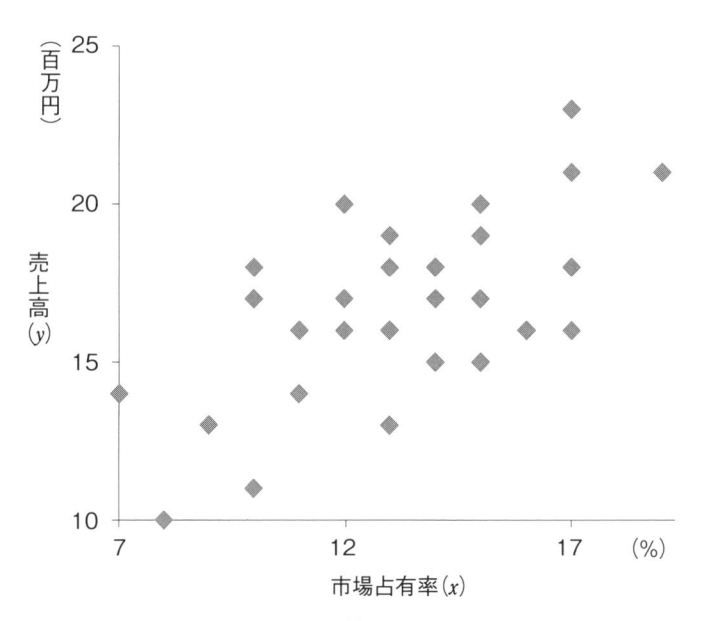

図 5.10　市場占有率(x)と売上高(y)の散布図

2) 相関分析

a) 試料相関係数 r の計算

表 5.26 の計算補助表を作成する．

なお，母集団の相関係数は母相関係数 ρ（ローとよぶ）という．

表5.26　計算補助表

No.	x	y	x^2	y^2	xy
1	10	18	100	324	180
2	9	13	81	169	117
3	17	18	289	324	306
4	15	19	225	361	285
5	19	21	361	441	399
6	13	18	169	324	234
7	15	17	225	289	255
8	10	17	100	289	170
9	13	13	169	169	169
10	17	16	289	256	272
11	15	17	225	289	255
12	11	16	121	256	176
13	13	16	169	256	208
14	17	21	289	441	357
15	12	20	144	400	240
16	11	14	121	196	154
17	14	18	196	324	252
18	8	10	64	100	80
19	12	16	144	256	192
20	19	21	361	441	399
21	14	15	196	225	210
22	13	19	169	361	247
23	14	17	196	289	238
24	15	15	225	225	225
25	12	17	144	289	204
26	17	23	289	529	391
27	10	11	100	121	110
28	16	16	256	256	256
29	7	14	49	196	98
30	15	20	225	400	300
合計	403	506	5691	8796	6979
	↑	↑	↑	↑	↑
	(Σx,	Σy,	Σx^2,	Σy^2,	Σxy)

表 5.26 より，相関係数 r を求める．

$$S_{xx} = \Sigma x_i^2 - \frac{(\Sigma x_i)^2}{n} = 5691 - \frac{403^2}{30} = 277.37$$

$$S_{yy} = \Sigma y_i^2 - \frac{(\Sigma y_i)^2}{n} = 8796 - \frac{506^2}{30} = 261.47$$

$$S_{xy} = \Sigma x_i y_i - \frac{(\Sigma x_i)(\Sigma y_i)}{n} = 6979 - \frac{403 \times 506}{30} = 181.73$$

$$r = \frac{S_{xy}}{\sqrt{S_{xx} \cdot S_{yy}}} = \frac{181.73}{\sqrt{277.37 \times 261.47}} = 0.675$$

b) 無相関の検定
b-1) 仮説および有意水準の設定

$H_0 : \rho = 0$

$H_1 : \rho \neq 0$

$\alpha = 0.05$

b-2) 棄却域の設定

$R : |r| \geq r(\phi, 0.05)$, $\phi = n - 2 = 30 - 2 = 28$

b-3) 判定と結論

$r(28, 0.05)$ の値が表にないので，$r(25, 0.05) = 0.3809$ を用いて，

$r = 0.675 > r(25, 0.05) = 0.3809 > r(28, 0.05)$

が得られる．なお，r 表は巻末を参照されたい．

したがって，有意水準 5% で H_0 は棄却される．よって，x と y には正の相関があるといえる．

3) 母相関係数 ρ の推定
a) 点推定

$\hat{\rho} = r = 0.675$

b) 区間推定

$r = 0.675$ を Z 変換 $(Z = \tanh^{-1} r = \frac{1}{2} \ln \frac{1+r}{1-r})$ すると，

$Z = \tanh^{-1} 0.675 = 0.820$

ρ を Z 変換した ζ の信頼限界を ζ_U および ζ_L は,

$$\zeta_U = Z + \frac{u(\alpha)}{\sqrt{n-3}} = 0.820 + \frac{1.96}{\sqrt{27}} = 1.197$$

$$\zeta_L = Z - \frac{u(\alpha)}{\sqrt{n-3}} = 0.820 - \frac{1.96}{\sqrt{27}} = 0.443$$

これをそれぞれ逆変換すると,

$\rho_U = \tanh \zeta_U = \tanh 1.197 = 0.833$

$\rho_L = \tanh \zeta_L = \tanh 0.443 = 0.416$

よって母相関係数 ρ は信頼率 95％ で,

$0.416 < \rho < 0.833$

となる.

コラム 「データ解析の大切さ」と「あるべき姿」を考えること

ある企業の市場調査部(企画部)では,報告書や稟議書を上げる際,状況や直近の方向性を述べるごとに「データで示せ」と新入社員のときから上司から徹底していわれている.結果,組織で仕事をしているうちに自然とデータ解析・分析を詳細にできるようになっている.あるとき A 課長は,現況と対策について B 部長と相談することになった.B 部長は「A 課長,データ解析・分析に特化して報告をしているが,データ分析からの結論に偏りすぎだよ」といわれ,A 課長は驚いた.このことは,現在及び過去のデータ解析・分析から出る結論だけにとどまらず,その結論から中長期的な「あるべき姿」を常に考えることの必要性をいっている.現場で経営判断を迫られるとき,「あるべき姿」を述べる場合は多々あるが,徹底した詳細なデータ分析から述べている場合は必ずしも多くない.足腰の強い,顧客に対して魅力的な価値提供を行う組織をつくるためには,人材(財)育成の構造を常に考えていく必要がある.

5.3.2 回帰分析

回帰分析は,指定変数 x がいくつかの水準で実験されたときに得られる y の値について,定量的に関係式の形で求める場合に用いる.この x と y の母平均との間に成り立つ関数関係について分析する手法を,回帰分析という.x の各水準における y の定量的な関係があり,直線関係を求めている(これを単回帰分析という).なお,相関分析における2次元正規分布を仮定していないことがわかる(図 5.11).

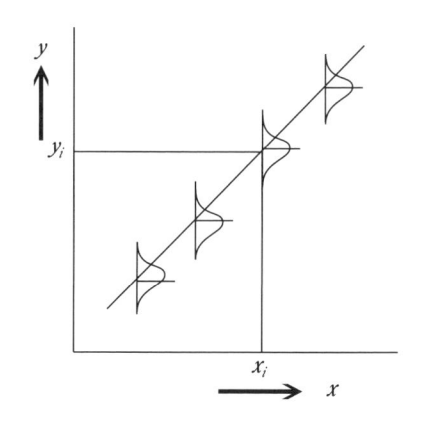

図 5.11　回帰分析の概念図

[例1]　A ドラッグストア㈱では,薬をはじめとする様々な商品を販売している.昨今のドラッグストア間の競争に生き残るべく,ポイント還元を定期的に実施し,売上高の向上を狙っている.そこで,過去3カ月間のデータから商品のポイント還元率 x(%)と売上高 y(万円)との間には傾きの係数は低いものの次の直線関係があることがわかっている.x についてはポイント還元の制約条件がある.

$$y = 35.0 - 0.1x \quad (5 \leq x \leq 45)$$

このたび，時間帯におけるポイント還元の変化を行い，売上高の増加の調査を実験した．ただし，利益を考えて行ったので，従来の回帰かどうかは不明である．実験した結果，表5.27のデータを得た．なお，実験はランダムにおこなった．回帰分析についておこなってみる．

表5.27 データ表

No.	x(%)	y(万円)
1	7	26
2	19	22
3	9	25
4	28	16
5	10	23
6	22	19
7	40	12
8	11	20
9	31	15
10	17	20
11	27	18
12	11	21
13	15	20
14	33	14
15	18	19
16	17	21
17	20	18
18	25	17
19	24	20
20	39	13

以下の①～⑥について解析する．

① ポイント還元率と売上高のデータをグラフ化し考察せよ．また，従来の回帰式も記入せよ．

② 売上高とポイント還元率におけるデータの構造式を示し，回帰分析を行え．

③ 回帰式を推定し，新しい回帰式が従来の回帰式と異なるか否かを有意

水準5%で検定せよ．
④ 新しい回帰式を用いて，$x = 10, 20, 30, 40$ における母回帰を点推定し，ついで，信頼率95%で区間推定せよ．
⑤ 新しい回帰式を用い，各 x_i に対する売上高の予測値と標準化残差を求めよ．さらに，横軸にポイント還元率，縦軸に標準化残差をとって散布図を作成し，標準化残差について考察せよ．
⑥ 新しい回帰式を①で作成したグラフに図示して，従来の回帰式との違いについて考察せよ．

なお，計算にあたっては表 5.28 の補助表を作成する．

表 5.28 補助表

No.	x	y	x^2	y^2	xy
1	7	26	49	676	182
2	19	22	361	484	418
3	9	25	81	625	225
4	28	16	784	256	448
5	10	23	100	529	230
6	22	19	484	361	418
7	40	12	1600	144	480
8	11	20	121	400	220
9	31	15	961	225	465
10	17	20	289	400	340
11	27	18	729	324	486
12	11	21	121	441	231
13	15	20	225	400	300
14	33	14	1089	196	462
15	18	19	324	361	342
16	17	21	289	441	357
17	20	18	400	324	360
18	25	17	625	289	425
19	24	20	576	400	480
20	39	13	1521	169	507
計	423	379	10729	7445	7376

【解答手順】

1) データのグラフ化

表 5.27 のデータよりポイント還元率(%)と売上高(万円)の関係を散布図にし，加えて従来の回帰式を記入すると，図 5.12 となる．

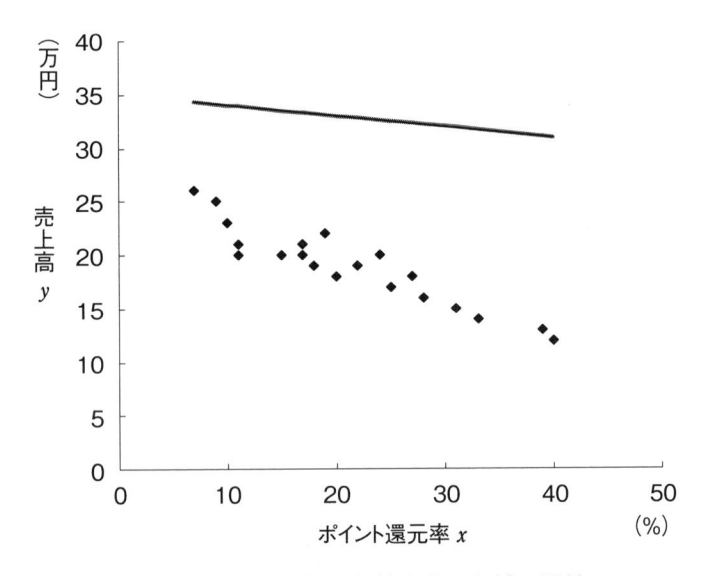

図 5.12 ポイント還元率(x)と売上高(y)の関係

① 異常な点はなさそうである．
② 売上高 y はポイント還元率 x に対して，ほぼ直線的に変化すると考えられる．
③ 従来より売上高が減少していると考えられる．
④ 従来の回帰式より勾配が大きくなっているようである．

2) 回帰分析

a) データの構造式

$$y_i = \beta_0 + \beta_1 x_i + \varepsilon_i$$
$$\varepsilon_i \sim N(0, \sigma^2)$$

b) 平方和,自由度の計算

表 5.28 の補助表より,各平方和と自由度を求める.

$$S_{xx} = \sum x_i^2 - \frac{(\Sigma x_i)^2}{n} = 10729 - \frac{423^2}{20} = 1782.55$$

$$S_{xy} = \sum x_i y_i - \frac{(\Sigma x_i)(\Sigma y_i)}{n} = 7376 - \frac{423 \times 379}{20} = -639.85$$

$$S_{yy} = \sum y_i^2 - \frac{(\Sigma y_i)^2}{n} = 7445 - \frac{379^2}{20} = 262.95$$

回帰による変動

$$S_R = \frac{S_{xy}^2}{S_{xx}} = \frac{(-639.85)^2}{1782.55} = 229.68$$

$$\phi_R = 1$$
$$S_e = S_{yy} - S_R = 262.95 - 229.68 = 33.27$$
$$\phi_e = n - 2 = 20 - 2 = 18$$

c) 分散分析の作成

b)の結果より,表 5.29 の分散分析表が得られる.

表 5.29 分散分析表

要因	S	ϕ	V	F_0	$E(V)$
回帰 R	229.68	1	229.68	124.2**	$\sigma^2 + \beta_1^2 S_{xx}$
残差 e	33.27	18	1.85		σ^2
計	262.95	19			

$F(1, 18 ; 0.05) = 4.41$ $F(1, 18 ; 0.01) = 8.29$

検定の結果,回帰による変動は高度に有意である.

3) 回帰式の推定と,新しい回帰式が従来のそれと異なるか否かの検定

a) 回帰式の推定

$$\widehat{\beta_1} = \frac{S_{xy}}{S_{xx}} = \frac{-639.85}{1782.55} = -0.36$$

$$\bar{x} = \frac{\Sigma x_i}{n} = \frac{423}{20} = 21.2$$

$$\widehat{\beta_0} = \bar{y} = \frac{\Sigma y_i}{n} = \frac{379}{20} = 19.0$$

よって,

$$\widehat{\mu_1} = \widehat{\beta_0} + \widehat{\beta_1}(x_i - \bar{x}) = 19.0 - 0.36(x_i - 21.2)$$
$$= 26.6 - 0.36 x_i \quad \text{となる.}$$

b) 従来の回帰式の変形

$$y = 35.0 - 0.1x = 32.9 - 0.10(x_i - 21.2)$$

したがって,比較すべき母数は以下となる.

$$\beta'_{00} = 32.9, \quad \beta_{10} = -0.10$$

c) 母回帰係数 (β_1) に関する検定

帰無仮説 $H_0 : \beta_1 = \beta_{10} \quad (\beta_{10} = -0.10)$

対立仮説 $H_1 : \beta_1 \neq \beta_{10}$

統計量 $t_0 = \dfrac{\beta_1 - \beta_{10}}{\sqrt{V(\beta_1)}}$

棄却域 $R : |t_0| \geq t(\phi_e, \alpha) = t(18, 0.05)$

統計量の計算

$$V(\beta_1) = \frac{V_e}{S_{xx}} = \frac{1.85}{1782.55} = 0.001038$$

$$|t_0| = \frac{|(-0.36)-(-0.1)|}{\sqrt{0.001038}} = 8.070 > t(18, 0.05) = 2.101$$

検定の結果は有意水準 5% で有意であり,母回帰直線の勾配は従来と変わったといえる.

d) 母切片 (β'_0) に関する検定

帰無仮説 $H_0 : \beta'_0 = \beta'_{00}$ （$\beta'_{00} = 32.9$）
対立仮説 $H_1 : \beta'_0 \neq \beta'_{00}$
統計量 $t_0 = \dfrac{\widehat{\beta'_0} - \beta'_{00}}{\sqrt{\widehat{V(\beta'_0)}}}$

棄却域 $R : |t_0| \geq t(\phi_e, \alpha) = t(18, 0.05)$
統計量の計算

$$\widehat{V(\beta'_0)} = \dfrac{V_e}{n} = \dfrac{1.85}{20} = 0.0925$$

$$|t_0| = \dfrac{|19.0 - 32.9|}{\sqrt{0.0925}} = 45.7 > t(18, 0.05) = 2.101$$

検定の結果は有意水準5％で有意であり，母回帰直線の $\bar{x} = 21.2$ における母切片は従来と変わったといえる．

以上より，新しい回帰式は従来と変わったといえる．

4) 新しい回帰式における母回帰の点推定と信頼率95％の区間推定

$x = x_i$ における母回帰の点推定および区間推定を行う．

a) 点推定

次式より，各ポイント還元率における点推定値を求め，表5.30を得る．

$$\widehat{\mu_1} = \widehat{\beta'_0} + \widehat{\beta_1}(x_i - \bar{x}) = 19.0 - 0.36(x_i - 21.2)$$

b) 区間推定

次式より，各ポイント還元率における信頼率95％の区間推定値を求め，表5.30を得る．

$$\widehat{V(\widehat{\mu_1})} = \left\{ \dfrac{1}{n} + \dfrac{(x_i - \bar{x})^2}{S_{xx}} \right\} V_e = \left\{ \dfrac{1}{20} + \dfrac{(x_i - 21.15)^2}{1782.55} \right\} \times 1.85$$

$$\widehat{\mu_1} \pm t(18, 0.05) \sqrt{\widehat{V(\widehat{\mu_1})}}$$

表 5.30　母回帰の推定

	ポイント還元率(%)	10	20	30	40
売上高 (万円)	点推定値(95%)	23.0	19.4	15.8	12.2
	信頼上限(95%)	24.0	20.0	16.7	13.6
	信頼下限(95%)	22.0	18.8	14.9	10.8

5) 売上高の予測値と標準化残差の計算

各 x_i に対する売上高の予測値は，手順4の1)点推定値の計算式に代入して求める．標準化残差は実測値と予測値の差を $\sqrt{V_e}$ で割って求める．結果を表 5.31 に示す．

表 5.31　標準化残差

No.	x	y	予測値	残差	標準化残差
1	7	26	24.1	1.92	1.41
2	19	22	19.8	2.24	1.65
3	9	25	23.4	1.64	1.21
4	28	16	16.5	−0.52	−0.38
5	10	23	23.0	0.00	0.00
6	22	19	18.7	0.32	0.24
7	40	12	12.2	−0.20	−0.15
8	11	20	22.6	−2.64	−1.94
9	31	15	15.4	−0.44	−0.32
10	17	20	20.5	−0.48	−0.35
11	27	18	16.9	1.12	0.82
12	11	21	22.6	−1.64	−1.21
13	15	20	21.2	−1.20	−0.88
14	33	14	14.7	−0.72	−0.53
15	18	19	20.1	−1.12	−0.82
16	17	21	20.5	0.52	0.38
17	20	18	19.4	−1.40	−1.03
18	25	17	17.6	−0.60	−0.44
19	24	20	18.0	2.04	1.50
20	39	13	12.6	0.44	0.32

横軸にポイント還元率 x, 縦軸に標準化残差をとった散布図を, 図 5.13 に示す.

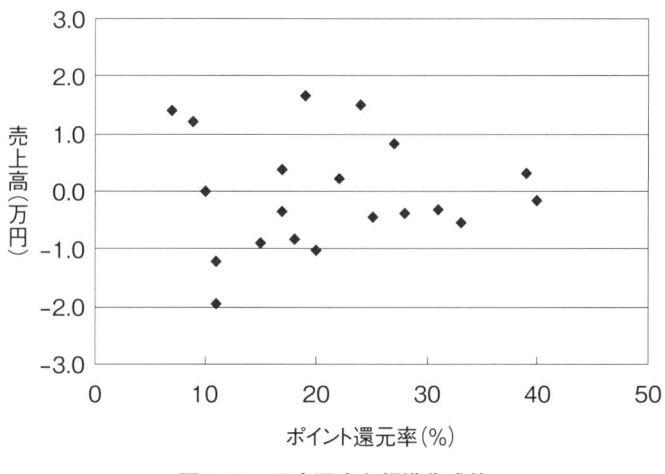

図 5.13 反応温度と規準化残差

図 5.13 より, 標準化残差が ±2 を超えるものはなく, 特に異常な点は認められない.

6) 新しい回帰式と母回帰の 95%信頼限界の図示

図 5.12 の従来の回帰式とデータの散布図に, 表 5.30 の点推定値をプロット(×印)すると, 図 5.14 が得られる.

ポイント還元率の向上により売上高が低減している. 回帰直線の勾配は従来のものよりも大きくなっているので, 必ずしもポイント還元率によって売上高に影響する傾向でないことがわかる.

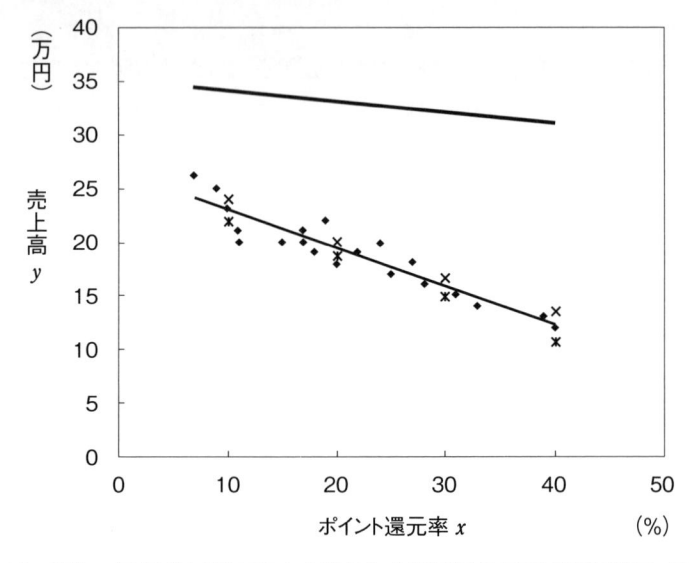

図 5.14 新しい回帰式と表 5.30 から得られた母回帰の 95%信頼区間のプロット

第6章

データ分析 —上級編—

　第5章 5.3節では，相関・回帰分析について述べたが，Excel 2010の「分析ツール」を用いても同様の解析ができる．本章では，単回帰分析と重回帰分析の「分析ツール」の適用と重回帰分析，主成分分析についての概要を述べる．

6.1 分析ツールによる回帰分析の適用

本節では，Excel 2010 にアドインとして備わっている分析ツールを用いて，単回帰分析の場合について解析を行う．

[例 6.1] 分析ツールを用いて，以下の例題を解析する．
ある店舗の入場者数と売上高について検討することになった．
来店者数の制限により売上高を予測したいため，過去のデータから来店者数 x については予測に必要とされる水準を 4 水準選んだ．

x の各水準で 1 つのデータではなく，情報が多い方がよいので繰り返しデータを採取したい．営業部門の人と相談した結果，3 回程度の繰り返しならよいとの回答が返ってきた．

そこで 4 水準，繰り返し 3 回の合計 12 回の実験をランダムに実施した．得られた結果を表 6.1 に示す．

図 6.1 を見ると，回帰式は

$$y_i(売上高) = -10.9 + 4.13 \times 来店者数(x_i)$$

となる．残差のグラフを見ても特に特徴的なものはなく，この式を用いることの妥当性はあると考える．

6.2 重回帰分析

目的変数 = 1 つ，説明変数 = 多数の場合について，式は

$$y_i = \beta_0 + \beta_1 x_{1i} + \beta_2 x_{2i} + \cdots\cdots + e_i \quad となる．$$

[例 6.2] 表 6.2 は，郊外で大型店スーパーを展開している会社の店舗のある各地域の市町村のデータである．年間販売額を目的変数，総面積，住民基本台帳，乗用車保有台数を説明変数として，重回帰分析をおこなってみる．

6.2 重回帰分析

表 6.1 来店者数と売上高のデータ

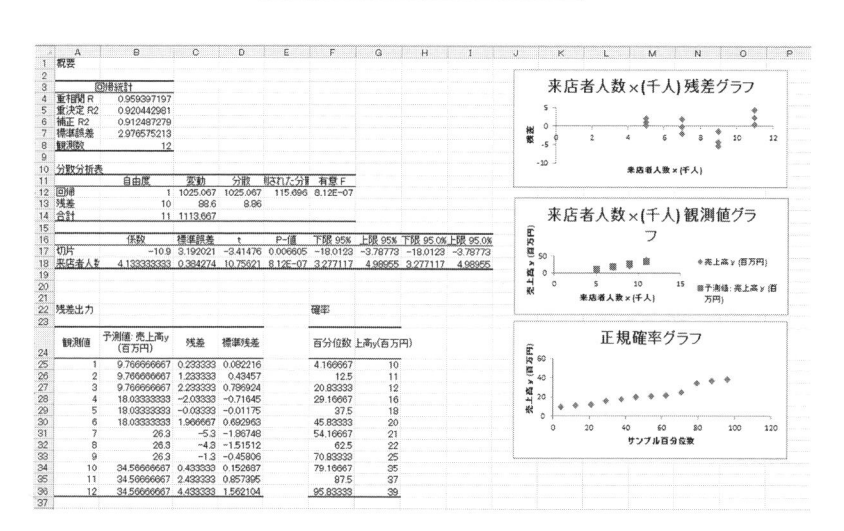

来店者数 x(千人)	売上高 y(百万円)
5	10
5	11
5	12
7	16
7	18
7	20
9	21
9	22
9	25
11	35
11	37
11	39

図 6.1 分析ツールでの出力結果

表6.2 各地域による郊外店舗のデータ表

(単位省略)

地域	総面積(x_1)	住民基本台帳(x_2)	乗用車保有(x_3)	年間販売金額(y)
1	136.8	397	2330	1955
2	13.2	18.5	14	202
3	71.8	96.5	59	481
4	4	8	5	36
5	12.3	34	20	208
6	44	41.5	25	122
7	54.2	45.5	29	255
8	17.2	19.5	13	35
9	3.8	3	2	7
10	39.7	59.5	36	153
11	14.2	6	4	7
12	25.3	7.5	6	6
13	37.4	3.5	3	3
14	109.6	58.5	36	110
15	85	77	49	204
16	11.4	31.5	17	76
17	47.2	30.5	18	63
18	12	28	18	71
19	36	28	17	52
20	49	10.5	6	17

図6.2 は分析ツールによって出力されたものであり,「重相関 R」は,目的変数と3つの説明変数の間との相関係数を示したものである.また「重決定 $R2$」は寄与率を示しており,r^2 と同じ値である.「補正 $R2$」は,説明変数の数を考慮した寄与率を示している.「観測数」は今回用いたデータ数を表してい

6.2 重回帰分析

る.標準誤差は,すでに以前の章で述べている.「補正 $R2$」が 0.977576 から全体のばらつきの 97.7576% を示しており,かなり精度よく回帰式を求めているといえる.

分散分析表は,今回求めた回帰式の有意性を見るものであり,有意 F は確率を示しており,これが 0.05 以下であれば,有意水準 5% で有意であることを示している.次の表は一番左が重回帰の切片と説明変数を示しており,係数は式の係数を意味している.この係数から,以下の式となる.

$$年間販売金額(y_i) = 4.223078 - 1.38276 \times 総面積(x_{1i}) + 4.848598 \times 住民基本台帳(x_{2i}) + 0.092382 \times 乗用車保有台数(x_{3i})$$

t の値は,各変数の t 値であり,その確率が隣の列の P-値である.この値が 0.05 以下であると 5% で有意であることを示す.隣の下限 95%, 上限 95% は各変数の区間推定を表す.

	A	B	C	D	E	F	G	H	I
1	概要								
2									
3		回帰統計							
4	重相関 R	0.990513							
5	重決定 R2	0.981116							
6	補正 R2	0.977576							
7	標準誤差	64.175							
8	観測数	20							
9									
10	分散分析表								
11		自由度	変動	分散	測された分	有意 F			
12	回帰	3	3423638	1141213	277.0989	5.35E-14			
13	残差	16	65894.88	4118.43					
14	合計	19	3489533						
15									
16		係数	標準誤差	t	P-値	下限 95%	上限 95%	下限 95.0%	上限 95.0%
17	切片	4.223078	25.00642	0.16888	0.868008	-48.7882	57.23432	-48.7882	57.23432
18	総面積	-1.38276	0.744398	-1.85755	0.081735	-2.96081	0.195295	-2.96081	0.195295
19	住民基本台帳	4.848598	0.897787	5.400611	5.89E-05	2.945375	6.751822	2.945375	6.751822
20	乗用車保有	0.092382	0.125405	0.736663	0.471991	-0.17347	0.358229	-0.17347	0.358229
21									

図 6.2 分析ツールでの出力結果

6.2.1 層別因子を含む回帰分析（重回帰分析）

例えば，店舗が2つ（A，B）あるとき，説明変数 x はダミー変数を用いて次のように定義する．

$$x = \left\{ \begin{array}{l} 0 \cdots \text{店舗Aのとき} \\ 1 \cdots \text{店舗Bのとき} \end{array} \right\}$$

説明変数 x の値である0，1は意味を持たない．

もし，A，B，Cの3つの店舗があるとき，自由度は 3 - 1 = 2 必要となるので，2つのダミー変数 x_1, x_2 を入れる必要がある．x_1 と x_2 を使い，店舗A，B，Cを表現することになるので，店舗Aの場合は x_1 と x_2 が 1，0，店舗Bの場合は 0，1，店舗Cの場合は 0，0 となり，まとめると表6.3のようになる．

表6.3 ダミー変数の考え方

	x_1	x_2
店舗A	1	0
店舗B	0	1
店舗C	0	0

[例6.3] 上述の内容に加え，地域の人口や売場面積などが同等であるが，店舗の経年による売上高を基礎的データとして知りたい場合，説明変数である経年と目的変数である売上高 y を入れると表6.4のようになる．これを分析ツール（回帰分析）を使って解析していく．

表 6.4　データ表

経年 x_1	店舗 $x_{2(1)}$	店舗 $x_{2(2)}$	売上高 y(百万円)
5	1	0	10
5	1	0	11
5	1	0	12
7	1	0	16
7	0	1	18
7	0	1	20
9	0	1	21
9	0	1	22
9	0	0	25
11	0	0	35
11	0	0	37
11	0	0	39

図 6.3 は分析ツールによって出力されたものであり,「重相関 R」は, 目的変数と 3 つの説明変数(経年, 店舗)の間との相関係数を示したものである. また「重決定 $R2$」は寄与率を示しており, r^2 と同じである.「補正 $R2$」は, 説明変数の数を考慮した寄与率を示している.「観測数」は今回用いたデータ数を表している.「補正 $R2$」が 0.935211202 から全体のばらつきの 93.5211202% を示しており, 精度よく回帰式を求めているといえる.

分散分析表は, 今回求めた回帰式の有意性を見るものであり, 有意 F は確率を示しており, これが 0.05 以下であれば, 有意水準 5% で有意であることを示している. 次の表は一番左が重回帰の切片と説明変数を示しており, 係数は式の係数を意味している. この係数から, 以下の式となる.

　　　売上高 $y = 1.975+3.05x_1 \times$ 経年 $- 6.5 \times$ 店舗 $x_{2(1)} - 6.125 \times$ 店舗 $x_{2(2)}$

「t」値は, 各変数の t 値であり, その確率が隣の列の「$P-$値」である. こ

の値が 0.05 以下であると 5％で有意であることを示す．隣の列の下限 95％，上限 95％は各説明変数の区間推定を表す．

	A	B	C	D	E	F	G	H	I
1	概要								
2									
3	回帰統計								
4	重相関 R	0.976156							
5	重決定 R2	0.952881							
6	補正 R2	0.935211							
7	標準誤差	2.561128							
8	観測数	12							
9									
10	分散分析表								
11		自由度	変動	分散	測された分	有意 F			
12	回帰	3	1061.192	353.7306	53.92748	1.19E-05			
13	残差	8	52.475	6.559375					
14	合計	11	1113.667						
15									
16		係数	標準誤差	t	P-値	下限 95％	上限 95％	下限 95.0％	上限 95.0％
17	切片	1.975	8.599823	0.229656	0.824122	-17.8562	21.80623	-17.8562	21.80623
18	経年×1	3.05	0.8099	3.765898	0.005498	1.182368	4.917632	1.182368	4.917632
19	店舗×2(1)	-6.5	4.436003	-1.46528	0.181009	-16.7294	3.729442	-16.7294	3.729442
20	店舗×2(2)	-6.125	2.716486	-2.25475	0.054164	-12.3892	0.139228	-12.3892	0.139228
21									

図 6.3　分析ツールでの出力結果

[例 6.4]　A ドラッグストア㈱では，駅前に約 30 店舗進出している．このたび，1 時間当たりの売上が，表 6.5 に示す説明変数で説明できるかどうかについて検討することになった．モデル化がうまくいけば，各店舗やこれから進出する店舗の対策が有効に立てられる．これを JUSE-StatWorks で解析をおこなってみる．

各変数の説明についてはそれぞれ以下である．
　　N1　開店時間の人数：時間あたりの人数（単位：×100 人）
　　C1　開店時間形態　　1：24 時間，2：従来型，3：従来型＋金土のみ深夜営業
　　C2　主となる客層　　1：学生，2：ビジネスパーソン＋主婦

表6.5 データ表

No.	N1 開店時間の人数	C1 開店時間形態	C2 主となる客層	C3 セール対象商品	C4 入荷商品の平均価格帯	N2 入口の大きさ	Y 1時間当たりの売り上げ高
1	32	3	1	1	5	24	10
2	17	1	2	2	2	35	39
3	16	2	1	2	4	13	8
4	32	2	2	2	2	19	31
5	16	1	2	2	4	36	32
6	13	3	2	3	1	22	43
7	23	2	1	1	5	7	11
8	13	1	2	2	2	19	34
9	29	2	1	3	4	9	7
10	34	3	2	3	3	25	29
11	52	1	2	2	1	24	57
12	30	2	1	3	4	4	5
13	18	3	1	1	3	15	29
14	10	1	1	1	5	19	14
15	22	2	1	1	3	10	14
16	17	1	2	3	1	25	55
17	25	3	1	1	5	14	3
18	20	1	2	1	3	22	27
19	20	3	2	3	1	18	45
20	50	1	2	1	2	25	46
21	21	2	1	3	2	10	8
22	23	2	1	2	3	2	17
23	29	3	1	2	3	17	15
24	32	3	1	2	1	2	25
25	33	3	2	3	2	17	34
26	33	3	1	2	3	20	32
27	22	2	1	3	2	1	16
28	20	3	1	1	3	10	12
29	25	1	2	1	5	15	13
30	28	3	1	3	3	16	27

C3　セール対象商品　1：化粧品(男女)，2：ティッシュ，洗剤等，
　　　　　　　　　　3：100 円セールで商品を特定せず

C4　入荷商品の平均価格帯
　　　　　　　　　　1：1000 円未満，2：1000 ～ 2000 円未満，
　　　　　　　　　　3：2000 ～ 3000 円未満，4：3000 ～ 4000 円未満，
　　　　　　　　　　5：4000 円以上

N7　入口の大きさ(単位：mm^2)

N8　1 時間あたりの売上高 y(単位：十万円)

表 6.5 のデータを JUSE-StatWorks の入力画面に入れると，**図 6.4** のようになる．

図 6.4 のデータについて，多変量連関図を出力すると，**図 6.5** のようになる．これより各変数間の関係性をつかむことができる．ここでは大きな特徴は見られないが，開店時間の人数で No.11 のデータが他より大きいことがわかる．ただし，このことから異常値とのことではない．

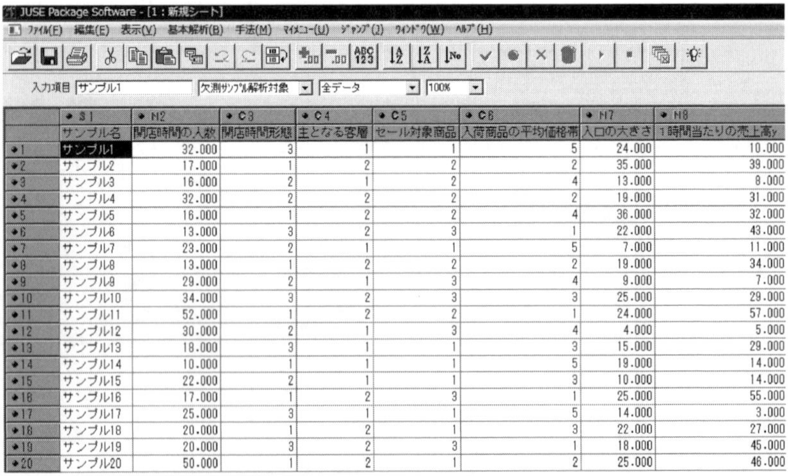

JUSE Package Software - [1：新規シート]

ﾌｧｲﾙ(F)　編集(E)　表示(V)　基本解析(B)　手法(M)　ﾏｲﾒﾆｭｰ(U)　ｼﾞｬﾝﾌﾟ(J)　ｳｨﾝﾄﾞｳ(W)　ﾍﾙﾌﾟ(H)

入力項目 サンプル1　欠測ｻﾝﾌﾟﾙ解析対象　全データ　100%

	◆S1	◆N2	◆C3	◆C4	◆C5	◆C6	◆N7	◆N8
	サンプル名	開店時間の人数	開店時間形態	主となる客層	セール対象商品	入荷商品の平均価格帯	入口の大きさ	1時間当たりの売上高y
◆1	サンプル1	32.000	3	1	1	5	24.000	10.000
◆2	サンプル2	17.000	1	2	2	2	35.000	39.000
◆3	サンプル3	16.000	2	1	2	4	13.000	8.000
◆4	サンプル4	32.000	2	2	2	2	19.000	31.000
◆5	サンプル5	16.000	1	2	2	4	36.000	32.000
◆6	サンプル6	13.000	3	2	3	1	22.000	43.000
◆7	サンプル7	23.000	2	1	1	5	7.000	11.000
◆8	サンプル8	13.000	1	2	2	2	19.000	34.000
◆9	サンプル9	29.000	2	1	3	4	9.000	7.000
◆10	サンプル10	34.000	3	2	3	3	25.000	29.000
◆11	サンプル11	52.000	1	2	2	1	24.000	57.000
◆12	サンプル12	30.000	2	1	3	4	4.000	5.000
◆13	サンプル13	18.000	3	1	1	3	15.000	29.000
◆14	サンプル14	10.000	1	1	1	5	19.000	14.000
◆15	サンプル15	22.000	2	1	1	3	10.000	14.000
◆16	サンプル16	17.000	1	2	3	1	25.000	55.000
◆17	サンプル17	25.000	3	1	1	5	14.000	3.000
◆18	サンプル18	20.000	1	2	1	3	22.000	27.000
◆19	サンプル19	20.000	3	2	3	1	18.000	45.000
◆20	サンプル20	50.000	1	2	1	2	25.000	46.000

図 6.4　JUSE-StatWorks のデータの初期画面（一部データ）

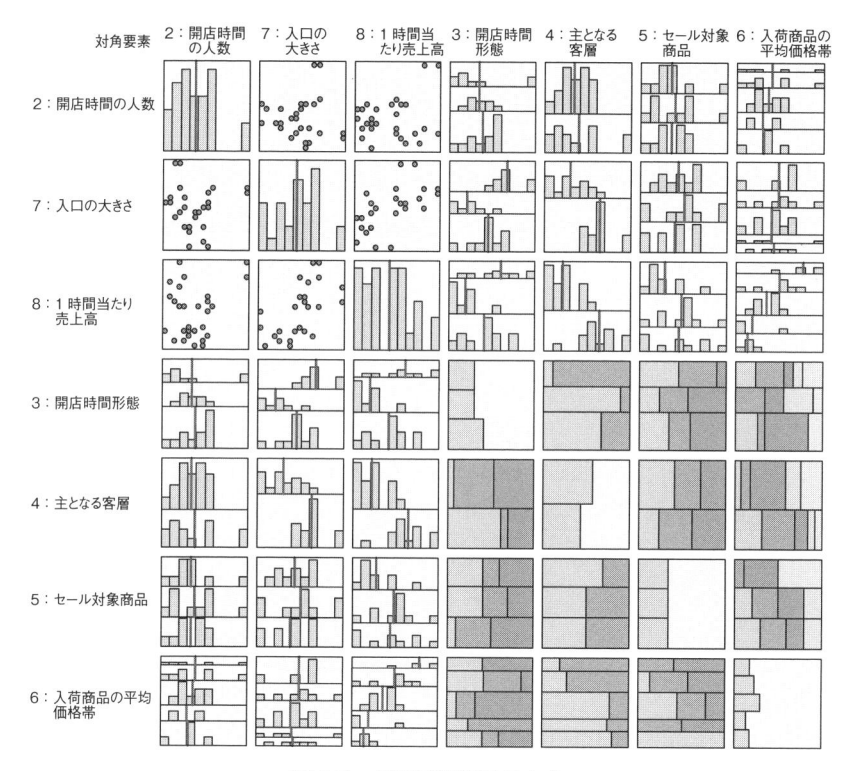

図 6.5　多変量連関図の出力

　JUSE-StatWorks で数量化 I 類を選択し，目的変数，説明変数を選択すると，図 6.6 の変数選択の画面になる．そこで，分散比の高いものから順番に説明変数の選択を行う．そして，分散比が 2 より低いものは変数選択から除外する．これを変数選択の増減法という．変数選択の方法はいくつかあるが，本書では，手動による増減法をおこなう．図 6.6 には偏回帰係数の列があり，これから以下の回帰式となる．

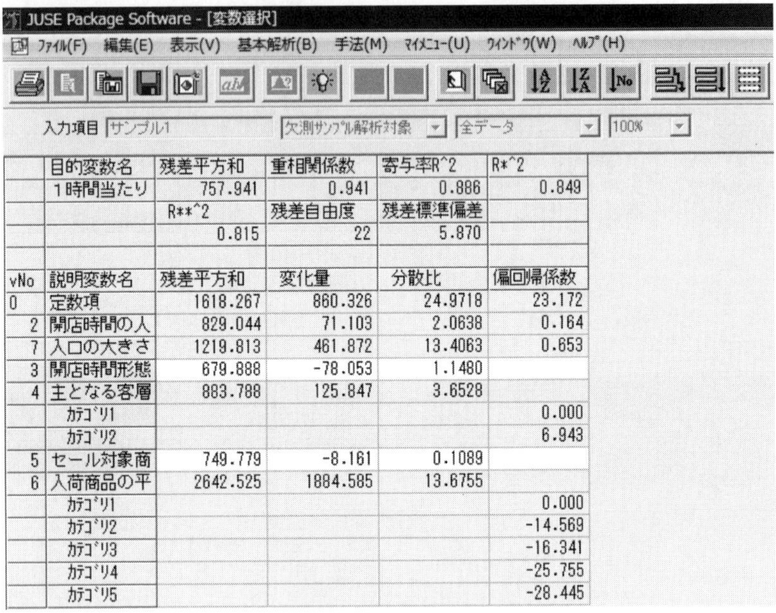

	目的変数名	残差平方和	重相関係数	寄与率R^2	R*^2
	1時間当たり	757.941	0.941	0.886	0.849
		R**^2	残差自由度	残差標準偏差	
		0.815	22	5.870	
vNo	説明変数名	残差平方和	変化量	分散比	偏回帰係数
0	定数項	1618.267	860.326	24.9718	23.172
2	開店時間の人	829.044	71.103	2.0638	0.164
7	入口の大きさ	1219.813	461.872	13.4063	0.653
3	開店時間形態	679.888	-78.053	1.1480	
4	主となる客層	883.788	125.847	3.6528	
	ｶﾃｺﾞﾘ1				0.000
	ｶﾃｺﾞﾘ2				6.943
5	セール対象商	749.779	-8.161	0.1089	
6	入荷商品の平	2642.525	1884.585	13.6755	
	ｶﾃｺﾞﾘ1				0.000
	ｶﾃｺﾞﾘ2				-14.569
	ｶﾃｺﾞﾘ3				-16.341
	ｶﾃｺﾞﾘ4				-25.755
	ｶﾃｺﾞﾘ5				-28.445

図 6.6　説明選択後の偏回帰係数

1時間あたりの売上高 = 23.172 + 0.164 × 開店時間の人数 + 0.653 × 人口の大きさ + 主となる客層(1の場合：0, 2の場合：6.943) + 入荷商品の平均価格帯(1のとき：0, 2のとき：−14.569, 3のとき：−16.341, 4のとき：−25.755, 5のとき：−28.445)

これより価格帯が高くなると，売上高の減少に影響することがわかる．よって，価格帯を安くすることにより，売上高を向上する方策が考えられる．

6.3 主成分分析による解析

経営データは，多くの説明変数があるが，集約化したい場合がある．このようなとき，主成分分析を用いて説明変数の集約化をすることができる．以下に一般例を挙げる．

[例 6.5] 表 6.6 は，ある大学の学科の 20 名の後期試験のうちの 5 科目の結果である．主成分分析により解析してみる．

表 6.6 データ表

NO.	文学	数学	科学	社会	外国語
1	48	55	58	48	40
2	60	49	30	45	38
3	62	72	70	62	70
4	90	58	60	90	89
5	79	95	80	85	80
6	81	94	70	72	85
7	60	75	91	55	71
8	58	61	60	48	50
9	59	51	41	75	63
10	61	34	22	85	75
11	78	82	68	70	80
12	48	90	88	60	60
13	45	40	35	30	58
14	42	38	28	25	56
15	65	60	59	60	95
16	35	40	49	22	25
17	40	42	36	38	34
18	75	70	55	75	88
19	45	71	75	61	48
20	79	60	78	68	70

表6.6のデータをJUSE-StatWorksの入力画面に入れると，**図6.7**のようになる．

図6.7 JUSE-StatWorks のデータの初期画面

メニューの中の多変量解析で，主成分分析を選択すると，**図6.8**の画面となり，主成分分析は相関行列を出発として計算する．

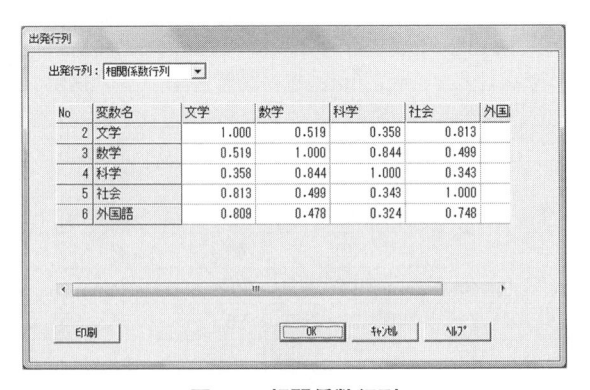

図6.8 相関係数行列

6.3 主成分分析による解析

　図6.8の出力後,「OK」を選択すると,**図6.9**の各種主成分における因子負荷量と主成分得点が図式化される.図6.9の固有値がNo.1-3まで書かれており,固有値は1以上が意味あるものとして判断する.これを見ると,No.1とNo.2で全体の88.9％を説明していることがわかる.図6.9には図が6つある.上の3つは因子負荷量であり,それぞれの図のx軸,y軸について説明しており,下の3つは主成分得点であり,20人のそれぞれの位置づけを行っている.図6.9の左上の図からx軸(主成分1)は総合力を表しており,y軸(主成分2)は科学系,社会科学系の軸を表している.

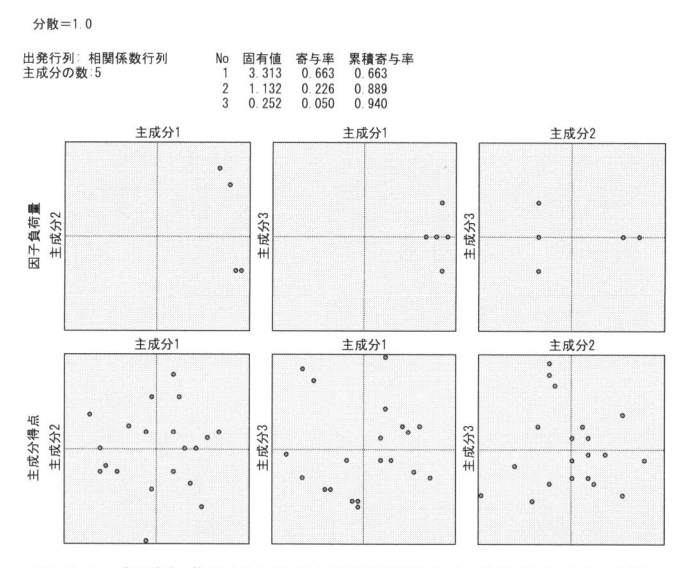

図6.9　各種主成分における因子負荷量と主成分得点の図式化

　ここで,表6.6のデータは5変数のデータ,すなわち5次元のデータである.そこで,以下の3つについて考察が必要となる.
　(1)　この5次元データは本質的に5次元として考えるべきか？
　(2)　"社会科学系"と"科学系"といった違いは把握できるのか？

(3)　学科の学生を成績からグループ分けはできるか？

　ここで，主成分分析とは，表6.6における5つの変数 x_1, x_2, x_3, x_4, x_5 について，新たな変数，

　　第1主成分，
　　第2主成分，
　　第3主成分，
　　第4主成分，
　　第5主成分，

を作成するための方法である．

　主成分分析の目的は，できるだけ少ない数の主成分を用いることにより，データの解釈をしやすくすることである．

　なお，固有値の扱いは，通常，累積寄与率が80％までの主成分を考慮し，固有値の値が1以上の主成分を考慮するということが多い．

第7章

経営と統計の融合の必要性

　本書では，経営的側面と統計的方法の活用について述べてきた．実際の経営判断が迫られる場面において，データ解析の必要性は周知のことである．しかし一方で，経験からくる判断を強調されると，暗黙知・ナレッジの領域であり，統計的方法の必要性を感じない場合もある．そこで本章では，どのような観点で経営における意志決定を考えればよいかについて述べる．

7.1 経営における統計的考え方の必要性

統計的考え方の中心は,「データでものをいう」ことにある.勘や思いつきで経営の方針が変更されたら,困る場合が多い.経営者の中にはデータでは説明できないが,今までの経験からくる勘のようなもので判断できるという場合もある.しかし,「データでものをいう」ことを基本に,必要なデータを集めて,解析していけば,考え方の論理構造が明確になる.すなわち,統計的なものの見方・考え方により意志決定の構造が明確になりやすいことを示唆する.

統計的考え方の段階を以下に示す.
1) 対象となる母集団は規定されているか.
2) その母集団は,以前考えていた母集団と性質は変化していないか.
3) その母集団の性質をとらえるために表現するデータは揃っているか.
4) 収集したデータ数は十分か.
5) その母集団の特性値は従来と比較して母平均,母分散に変化はないか.
6) 母集団に対して,日頃からデータを採取・分析しているか.
7) 母集団における外部環境の変化による市場の流動性は速いか.

以上の7つの側面から,現状把握の点から1つでも疑問,考えるべき事柄があればデータを採取し,統計的側面から考える必要がある.

7.2 データの解析の進め方

データ解析をする上で必要なことは,前述のように対象となる市場がどのようなものであるかについて把握する必要がある.そのためには事前調査としてアンケートなどを実施し,市場形態について調べておく必要がある.
1) アンケート・ヒアリングのような言語データから親和図,連関図を作成し,対象とする母集団全体の様子を考える.
2) 再現性の有無を検討する.調査データでも現状の経済情報分析のように社会環境の変化から再現性のあるものとないものについてはすでに述

べている.
3) 過去の市場データから解析できる部分は解析し,その後,市場変化,動向について仮説を立てる.この場合,多変量解析などの手法を用いて,傾向や大量データの分析をおこない,要約化をすすめていく.
4) 必ず仮説・検証の立場から,実験・調査をおこなう.
5) 4)の結果に基づいて,対策案へと結び付けていく.
6) 対策の結果,効果の確認を確実におこなう.

この流れを大きく考えると,次の3段階となる.
a) 市場の混沌としている状況を言語データから把握する.
b) 言語データから,数値化データや過去のデータを収集し,多変量解析から集約・要約をおこなう.
c) b)の情報を基本とし,検定・推定,分散分析,実験計画法などの手法を適用し,徹底した仮説・検証をおこなう.

7.3 経営と統計の融合

第1章で述べたように,経営には多くの多面的判断が必要になる.1つの判断には成功すれば問題はないが,失敗するリスクを考えると,ひとことに経営判断といっても難しいのが現状である.

では,どのように判断すればリスクの軽減につながるであろうか.次の3点が挙げられる.
1) 親和図や連関図,PDPCなどの手法を使い,言語データで良い面,弱い面(リスク)など,あらゆる側面の洗い出しを行う.
2) 1)において未知の領域である可能性もあることも留意する.
3) 信頼性工学などのように予測ができるものについては,出来るかぎり予測をする.また変化に対応できる組織体制の頑健性についても同様である.

経営と統計というと,別の領域の研究のように思えるが,データという観点

148　第7章　経営と統計の融合の必要性

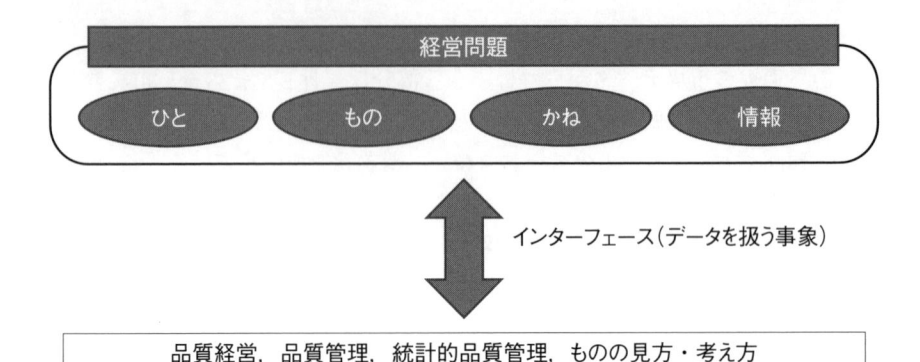

```
┌─────────────────────────────────────────┐
│               経営問題                    │
│  ( ひと )  ( もの )  ( かね )  ( 情報 )   │
└─────────────────────────────────────────┘
              ↕ インターフェース(データを扱う事象)
┌─────────────────────────────────────────┐
│ 品質経営，品質管理，統計的品質管理，ものの見方・考え方 │
└─────────────────────────────────────────┘
```

図7.1　ビジネス・経営と統計の融合について

から見るとデータ分析の観点から重要な共通項がある．経営においては，いろいろな判断を考えると，その背景にはデータが解析の対象となる．統計的方法においてもデータにおける解析をおこなうことが重要となる．ここで重要視したいのは，経営の分野の中に，データ解析をおこなう習慣および姿勢を充実させることである．

図7.1に示すように，ビジネス・経営と統計の考え方が相互に改めて意識的に融合する必要性がある．統計的アプローチの中で，検定や推定の結果だけでなく，固有技術のことも考え合わせて判断する場合も，留意事項としてある．経営においてリソースを考える場合，ひと，もの，かね，情報の4つの要素がよくいわれているが，この4つともすべてデータ，数値が存在する．したがって，データの動きを考慮して，どのようになっているのかを経営の分野ではさらに推進していくべきである．

ここで強調したいのは，経営の様々な判断は言語データ，数値データにおいておこなっている．今後，ランダム化によるデータのとり方，要因実験の完備型等々，統計的立場に立っていけるかどうかが課題である．このことに留意して経営と統計の融合のさらなる推進を読者のみなさまも是非ともおこなって欲しい．

付　　録

付録では，本書で扱う Excel の基本機能としての「分析ツール」と「統計関数」について述べていく．またソフトウェアである「JUSE-StatWorks」およびフリーソフトの「R」について簡単に述べる．

A) 分析ツールと Excel 関数

本書の中で，分析ツールの活用の基礎について述べた．この分析ツールは，Microsoft©Excel 2000，2002，2003，2007，2010 にアドインとして組み込まれており，基本機能としてはいずれのバージョンでも同様の機能を有している．現代において，Excel は仕事の中で普通に使うソフトウェアである．

筆者も講義の際，PowerPoint を使っておこなう説明もあるが，板書代わりに Excel に講義内容を逐次記入している．プログラムや多彩な計算，ゴールシーク，ソルバーなどを Excel で利用している方も多いことと思う．

この Excel を使って，いろいろな統計解析をおこなうことは便利ではないかと思う．その理由は，普段使っているソフトなので，共有化の側面から考えやすい．このように Excel の基本機能として，計算する場合もあれば，ノート・メモ，データベースなど様々な使い方がある．

そこで，ここでは，分析ツールと統計関数について述べる．

A-1) 分析ツール

データ分析の中に，分析ツールがあるので，それを使うと，以下のメニューがある(**図付 1**，**図付 2**)．

150   付　　録

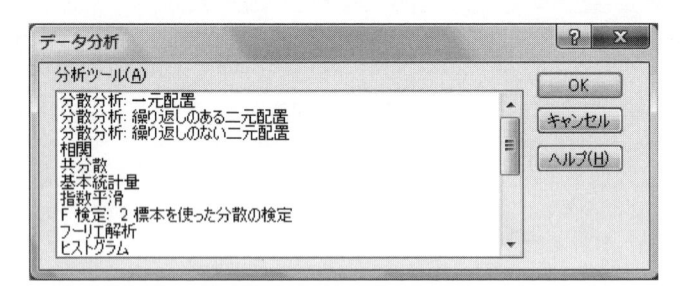

図付1　分析ツールの画面(1)

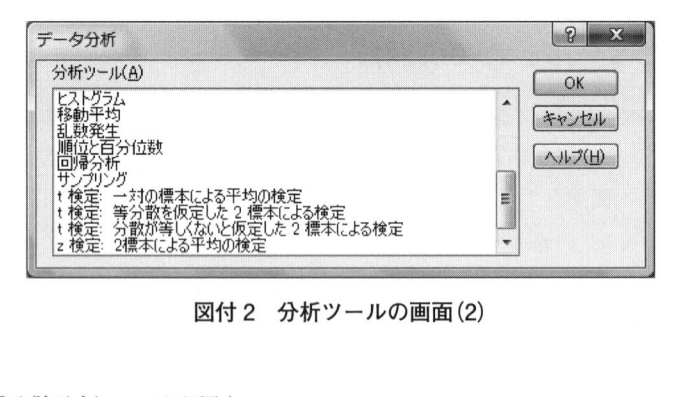

図付2　分析ツールの画面(2)

- 「分散分析　一元配置」
- 「分散分析　繰り返しのある二元配置」
- 「分散分析　繰り返しのない二元配置」
- 「相関」
- 「共分散」
- 「基本統計量」
- 「F 検定：2標本を使った分散の検定」
- 「ヒストグラム」
- 「回帰分析」
- 「t 検定：一対の標本による平均の検定」

- 「t 検定：等分散を仮定した 2 標本による検定」
- 「t 検定：分散が等しくないと仮定した 2 標本による検定」
- 「z 検定：2 標本による平均の検定」

これらは，問題の場面にあわせて適用をそれぞれ考えればよい．なお，この分析ツールは途中の計算過程を明示しないので，出力されたデータの意味について理解できることが必要となる．

A-2) Excel 関数(本書で扱う統計関数)

図付 3 の中で黒い枠線で囲まれているところにある fx をクリックすると，図付 4 の画面が出てくる．その画面で「関数の分類」のところをプルダウンすると，「統計」がその中にあるのでクリックする．そうすると，図付 5 のように，アルファベット順で統計関数が出てくる．

図付 3　Excel の画面からの関数の出力

152 付　録

図付4　「関数の分類」の選択

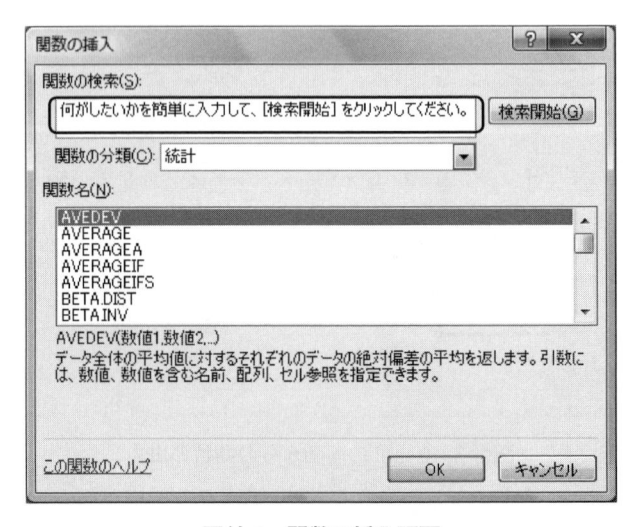

図付5　関数の挿入画面

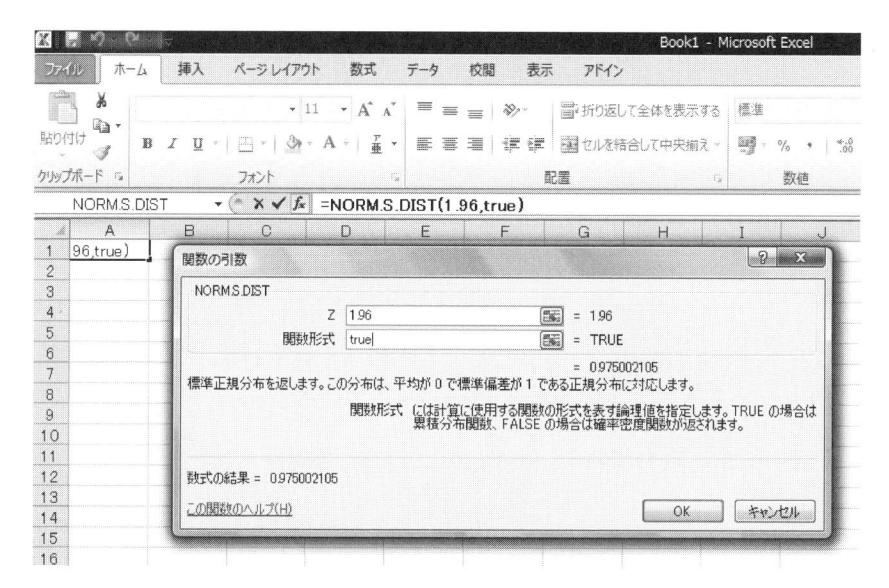

図付6 標準正規分布における確率の出力

Excel 関数の便利な点は，統計数値表を参照しなくても，Excel 関数によって出力できる点にある．例えば，**図付6**は標準正規分布でのuの値1.96の確率を出力している画面である．この画面から，0.975の確率が出ている．したがって，1から引けば確率0.025(2.5%)という値が出てくる．

B) ソフトウェアについて

ここで紹介するソフトウェアは，JUSE-StatWorks および R である．両方の特徴を把握して活用して欲しい．

B-1) JUSE-StatWorks について

このソフトウェアは，品質管理を中心とする手法およびその周辺についての

図付7　JUSE-StatWorks の初期画面

手法を網羅しており，品質管理の分野においてシェアが No.1 である．開発・販売元のホームページでは Q&A のコーナーが充実しており，適用場面における適切な手法などについても紹介している．

さらにこのソフトは，品質管理の学識経験者によって組織された委員会で作り上げられたソフトなので，品質管理を専門とする方にとっては，使いやすいソフトである．ユーザーサポートが充実しているのも特徴の一つである(**図付7**)．

B-2)　R について

フリーソフトであり，自由にダウンロードできる．世界中の統計を専門とする研究者の協力により，統計関数の充実はすばらしい．いろいろな関数が手軽に使える点が特徴である．ただし，本ソフトは，コマンド入力にも慣れる必要がある．参考文献で書いている荒木らの文献があるので参照されたい．フリーであるので，どういうものかを確かめる際にはトライしてみる価値はある(**図付8**)．

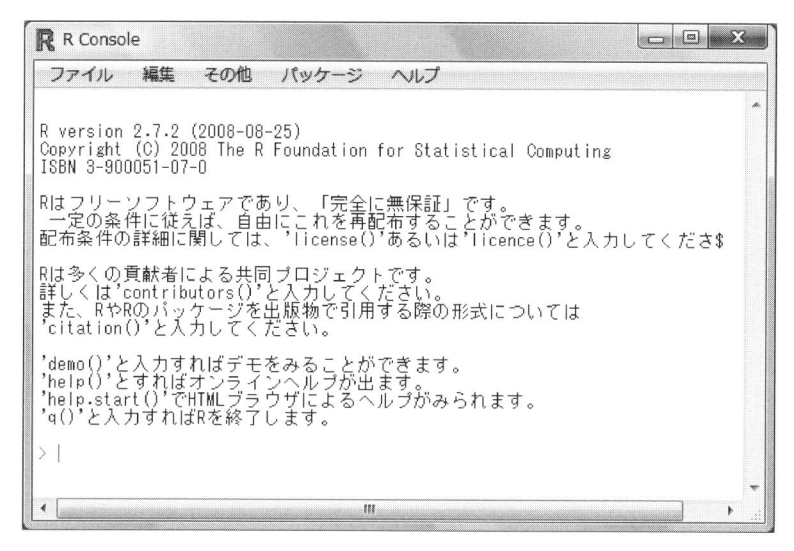

図付8　Rの初期画面

　ソフトウェアの導入については，初期コストや費用対効果，実務に対する姿勢などいろいろな考え方があるので，それぞれを使ってみてどれがよいかを体験することが肝要である．

1. 正規分布表（I）

$$K_P \longrightarrow P = \Pr\{u \geq K_P\} = \frac{1}{\sqrt{2\pi}} \int_{K_P}^{\infty} e^{-\frac{x^2}{2}} dx$$

（K_P から P を求める表）

K_P	*=0	1	2	3	4	5	6	7	8	9
0.0*	·5000	·4960	·4920	·4880	·4840	·4801	·4761	·4721	·4681	·4641
0.1*	·4602	·4562	·4522	·4483	·4443	·4404	·4364	·4325	·4286	·4247
0.2*	·4207	·4168	·4129	·4090	·4052	·4013	·3974	·3936	·3897	·3859
0.3*	·3821	·3783	·3745	·3707	·3669	·3632	·3594	·3557	·3520	·3483
0.4*	·3446	·3409	·3372	·3336	·3300	·3264	·3228	·3192	·3156	·3121
0.5*	·3085	·3050	·3015	·2981	·2946	·2912	·2877	·2843	·2810	·2776
0.6*	·2743	·2709	·2676	·2643	·2611	·2578	·2546	·2514	·2483	·2451
0.7*	·2420	·2389	·2358	·2327	·2296	·2266	·2236	·2206	·2177	·2148
0.8*	·2119	·2090	·2061	·2033	·2005	·1977	·1949	·1922	·1894	·1867
0.9*	·1841	·1814	·1788	·1762	·1736	·1711	·1685	·1660	·1635	·1611
1.0*	·1587	·1562	·1539	·1515	·1492	·1469	·1446	·1423	·1401	·1379
1.1*	·1357	·1335	·1314	·1292	·1271	·1251	·1230	·1210	·1190	·1170
1.2*	·1151	·1131	·1112	·1093	·1075	·1056	·1038	·1020	·1003	·0985
1.3*	·0968	·0951	·0934	·0918	·0901	·0885	·0869	·0853	·0838	·0823
1.4*	·0808	·0793	·0778	·0764	·0749	·0735	·0721	·0708	·0694	·0681
1.5*	·0668	·0655	·0643	·0630	·0618	·0606	·0594	·0582	·0571	·0559
1.6*	·0548	·0537	·0526	·0516	·0505	·0495	·0485	·0475	·0465	·0455
1.7*	·0446	·0436	·0427	·0418	·0409	·0401	·0392	·0384	·0375	·0367
1.8*	·0359	·0351	·0344	·0336	·0329	·0322	·0314	·0307	·0301	·0294
1.9*	·0287	·0281	·0274	·0268	·0262	·0256	·0250	·0244	·0239	·0233
2.0*	·0228	·0222	·0217	·0212	·0207	·0202	·0197	·0192	·0188	·0183
2.1*	·0179	·0174	·0170	·0166	·0162	·0158	·0154	·0150	·0146	·0143
2.2*	·0139	·0136	·0132	·0129	·0125	·0122	·0119	·0116	·0113	·0110
2.3*	·0107	·0104	·0102	·0099	·0096	·0094	·0091	·0089	·0087	·0084
2.4*	·0082	·0080	·0078	·0075	·0073	·0071	·0069	·0068	·0066	·0064
2.5*	·0062	·0060	·0059	·0057	·0055	·0054	·0052	·0051	·0049	·0048
2.6*	·0047	·0045	·0044	·0043	·0041	·0040	·0039	·0038	·0037	·0036
2.7*	·0035	·0034	·0033	·0032	·0031	·0030	·0029	·0028	·0027	·0026
2.8*	·0026	·0025	·0024	·0023	·0023	·0022	·0021	·0021	·0020	·0019
2.9*	·0019	·0018	·0018	·0017	·0016	·0016	·0015	·0015	·0014	·0014
3.0*	·0013	·0013	·0013	·0012	·0012	·0011	·0011	·0011	·0010	·0010

3.5	·2326E−3
4.0	·3167E−4
4.5	·3398E−5
5.0	·2867E−6
5.5	·1899E−7
6.0	·9866E−9

例 $K_P = 1.96$ に対する P は，左の見出しの 1.9* から右へ行き，上の見出しの 6 から下がってきたところの値を読み，·0250 となる．

注 正規分布 $N(0,1)$ の累積分布関数 $\Phi(u) = \int_{-\infty}^{u} \frac{1}{\sqrt{2\pi}} e^{-x^2/2} dx$ の求めかた：

$u < 0$ ならば，$|u| = K_P$ として P を読み，$\Phi(u) = P$ とする．

例：$\Phi(-1.96) = ·0250$

$u > 0$ ならば，$u = K_P$ として P を読み，$\Phi(u) = 1 - P$ とする．

例：$\Phi(1.96) = ·9750$

（出典） 森口繁一，日科技連数値表委員会編：『新編 日科技連数値表—第2版—』，p. 4, 日科技連出版社，2009年．

2. 正規分布表（II）

$$P \longrightarrow K_P \qquad \frac{1}{\sqrt{2\pi}} \int_{K_P}^{\infty} e^{-\frac{x^2}{2}} dx = P$$

（P から K_P を求める表）

P	*=0	1	2	3	4	5	6	7	8	9
0・00*	∞	3・090	2・878	2・748	2・652	2・576	2・512	2・457	2・409	2・366
0・0*	∞	2・326	2・054	1・881	1・751	1・645	1・555	1・476	1・405	1・341
0・1*	1・282	1・227	1・175	1・126	1・080	1・036	・994	・954	・915	・878
0・2*	・842	・806	・772	・739	・706	・674	・643	・613	・583	・553
0・3*	・524	・496	・468	・440	・412	・385	・358	・332	・305	・279
0・4*	・253	・228	・202	・176	・151	・126	・100	・075	・050	・025

注 この表は片側確率を指定するとき使う．両側確率 α を指定するときは $P = \alpha/2$ としてこの表を使うか，または t 表の $\phi = \infty$ の行による．
例1． $P = 0・005$ に対しては，$0・00^*$ の行，5 の列を読み，$K_{・005} = 2・576$
例2． $P = 0・05$ に対しては，$0・0^*$ の行，5 の列を読み，$K_{・05} = 1・645$
例3． $P = 0・25$ に対しては，$0・2^*$ の行，5 の列を読み，$K_{・25} = ・674$

（出典） 森口繁一，日科技連数値表委員会編：『新編 日科技連数値表―第2版―』，p. 5, 日科技連出版社, 2009 年．

3. 正規分布表（III）

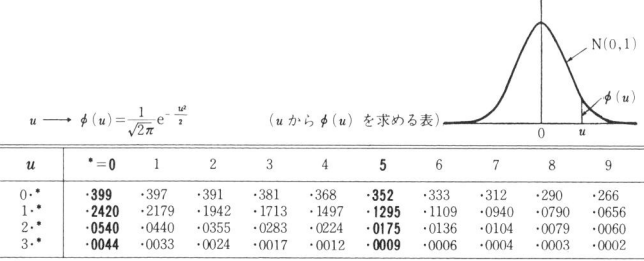

$$u \longrightarrow \phi(u) = \frac{1}{\sqrt{2\pi}} e^{-\frac{u^2}{2}} \qquad （u から \phi(u) を求める表）$$

u	*=0	1	2	3	4	5	6	7	8	9
0・*	・399	・397	・391	・381	・368	・352	・333	・312	・290	・266
1・*	・2420	・2179	・1942	・1713	・1497	・1295	・1109	・0940	・0790	・0656
2・*	・0540	・0440	・0355	・0283	・0224	・0175	・0136	・0104	・0079	・0060
3・*	・0044	・0033	・0024	・0017	・0012	・0009	・0006	・0004	・0003	・0002

例 $u = 1・7$ に対しては，$1・^*$ の行，7 の列を読み，$\phi(1・7) = ・0940$

（出典） 森口繁一，日科技連数値表委員会編：『新編 日科技連数値表―第2版―』，p. 5, 日科技連出版社, 2009 年．

4. t 表

$t(\phi, P)$

$\begin{pmatrix} 自由度 \phi と両側確率 P \\ とから t を求める表 \end{pmatrix}$

$$P = 2\int_t^\infty \frac{\Gamma\left(\frac{\phi+1}{2}\right)}{\sqrt{\phi\pi}\,\Gamma\left(\frac{\phi}{2}\right)\left(1+\frac{v^2}{\phi}\right)^{\frac{\phi+1}{2}}}\,dv$$

ϕ \ P	0.50	0.40	0.30	0.20	0.10	**0.05**	0.02	**0.01**	0.001	P \ ϕ
1	1.000	1.376	1.963	3.078	6.314	**12.706**	31.821	**63.657**	636.619	1
2	0.816	1.061	1.386	1.886	2.920	**4.303**	6.965	**9.925**	31.599	2
3	0.765	0.978	1.250	1.638	2.353	**3.182**	4.541	**5.841**	12.924	3
4	0.741	0.941	1.190	1.533	2.132	**2.776**	3.747	**4.604**	8.610	4
5	0.727	0.920	1.156	1.476	2.015	**2.571**	3.365	**4.032**	6.869	5
6	0.718	0.906	1.134	1.440	1.943	**2.447**	3.143	**3.707**	5.959	6
7	0.711	0.896	1.119	1.415	1.895	**2.365**	2.998	**3.499**	5.408	7
8	0.706	0.889	1.108	1.397	1.860	**2.306**	2.896	**3.355**	5.041	8
9	0.703	0.883	1.100	1.383	1.833	**2.262**	2.821	**3.250**	4.781	9
10	0.700	0.879	1.093	1.372	1.812	**2.228**	2.764	**3.169**	4.587	10
11	0.697	0.876	1.088	1.363	1.796	**2.201**	2.718	**3.106**	4.437	11
12	0.695	0.873	1.083	1.356	1.782	**2.179**	2.681	**3.055**	4.318	12
13	0.694	0.870	1.079	1.350	1.771	**2.160**	2.650	**3.012**	4.221	13
14	0.692	0.868	1.076	1.345	1.761	**2.145**	2.624	**2.977**	4.140	14
15	0.691	0.866	1.074	1.341	1.753	**2.131**	2.602	**2.947**	4.073	15
16	0.690	0.865	1.071	1.337	1.746	**2.120**	2.583	**2.921**	4.015	16
17	0.689	0.863	1.069	1.333	1.740	**2.110**	2.567	**2.898**	3.965	17
18	0.688	0.862	1.067	1.330	1.734	**2.101**	2.552	**2.878**	3.922	18
19	0.688	0.861	1.066	1.328	1.729	**2.093**	2.539	**2.861**	3.883	19
20	0.687	0.860	1.064	1.325	1.725	**2.086**	2.528	**2.845**	3.850	20
21	0.686	0.859	1.063	1.323	1.721	**2.080**	2.518	**2.831**	3.819	21
22	0.686	0.858	1.061	1.321	1.717	**2.074**	2.508	**2.819**	3.792	22
23	0.685	0.858	1.060	1.319	1.714	**2.069**	2.500	**2.807**	3.768	23
24	0.685	0.857	1.059	1.318	1.711	**2.064**	2.492	**2.797**	3.745	24
25	0.684	0.856	1.058	1.316	1.708	**2.060**	2.485	**2.787**	3.725	25
26	0.684	0.856	1.058	1.315	1.706	**2.056**	2.479	**2.779**	3.707	26
27	0.684	0.855	1.057	1.314	1.703	**2.052**	2.473	**2.771**	3.690	27
28	0.683	0.855	1.056	1.313	1.701	**2.048**	2.467	**2.763**	3.674	28
29	0.683	0.854	1.055	1.311	1.699	**2.045**	2.462	**2.756**	3.659	29
30	0.683	0.854	1.055	1.310	1.697	**2.042**	2.457	**2.750**	3.646	30
40	0.681	0.851	1.050	1.303	1.684	**2.021**	2.423	**2.704**	3.551	40
60	0.679	0.848	1.046	1.296	1.671	**2.000**	2.390	**2.660**	3.460	60
120	0.677	0.845	1.041	1.289	1.658	**1.980**	2.358	**2.617**	3.373	120
∞	0.674	0.842	1.036	1.282	1.645	**1.960**	2.326	**2.576**	3.291	∞

例　$\phi=10$, $P=0.05$ に対する t の値は，2.228 である．これは自由度 10 の t 分布に従う確率変数が 2.228 以上の絶対値をもって出現する確率が 5％ であることを示す．

注1．$\phi>30$ に対しては $120/\phi$ を用いる 1 次補間が便利である．

注2．表から読んだ値を，$t(\phi, P)$, $t_P(\phi)$, $t_\phi(P)$ などと記すことがある．

注3．出版物によっては，$t(\phi, P)$ の値を上側確率 $P/2$ や，その下側確率 $1-P/2$ で表現しているものもある．

(出典)　森口繁一，日科技連数値表委員会編：『新編 日科技連数値表―第2版―』，
　　　　p. 6, 日科技連出版社，2009 年．

5. χ^2 表

$\chi^2(\phi, P)$

（自由度 ϕ と上側確率 P とから χ^2 を求める表）

$$P = \int_{\chi^2}^{\infty} \frac{1}{\Gamma\left(\dfrac{\phi}{2}\right)} e^{-\frac{X}{2}} \left(\frac{X}{2}\right)^{\frac{\phi}{2}-1} \frac{dX}{2}$$

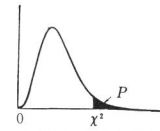

ϕ \ P	·995	·99	·975	·95	·90	·75	·50	·25	·10	·05	·025	·01	·005	ϕ \ P
1	0·0³393	0·0³157	0·0³982	0·0³393	0·0158	0·102	0·455	1·323	2·71	**3·84**	5·02	**6·63**	7·88	1
2	0·0100	0·0201	0·0506	0·103	0·211	0·575	1·386	2·77	4·61	**5·99**	7·38	**9·21**	10·60	2
3	0·0717	0·115	0·216	0·352	0·584	1·213	2·37	4·11	6·25	**7·81**	9·35	**11·34**	12·84	3
4	0·207	0·297	0·484	0·711	1·064	1·923	3·36	5·39	7·78	**9·49**	11·14	**13·28**	14·86	4
5	0·412	0·554	0·831	1·145	1·610	2·67	4·35	6·63	9·24	**11·07**	12·83	**15·09**	16·75	5
6	0·676	0·872	1·237	1·635	2·20	3·45	5·35	7·84	10·64	**12·59**	14·45	**16·81**	18·55	6
7	0·989	1·239	1·690	2·17	2·83	4·25	6·35	9·04	12·02	**14·07**	16·01	**18·48**	20·3	7
8	1·344	1·646	2·18	2·73	3·49	5·07	7·34	10·22	13·36	**15·51**	17·53	**20·1**	22·0	8
9	1·735	2·09	2·70	3·33	4·17	5·90	8·34	11·39	14·68	**16·92**	19·02	**21·7**	23·6	9
10	2·16	2·56	3·25	3·94	4·87	6·74	9·34	12·55	15·99	**18·31**	20·5	**23·2**	25·2	10
11	2·60	3·05	3·82	4·57	5·58	7·58	10·34	13·70	17·28	**19·68**	21·9	**24·7**	26·8	11
12	3·07	3·57	4·40	5·23	6·30	8·44	11·34	14·85	18·55	**21·0**	23·3	**26·2**	28·3	12
13	3·57	4·11	5·01	5·89	7·04	9·30	12·34	15·98	19·81	**22·4**	24·7	**27·7**	29·8	13
14	4·07	4·66	5·63	6·57	7·79	10·17	13·34	17·12	21·1	**23·7**	26·1	**29·1**	31·3	14
15	4·60	5·23	6·26	7·26	8·55	11·04	14·34	18·25	22·3	**25·0**	27·5	**30·6**	32·8	15
16	5·14	5·81	6·91	7·96	9·31	11·91	15·34	19·37	23·5	**26·3**	28·8	**32·0**	34·3	16
17	5·70	6·41	7·56	8·67	10·09	12·79	16·34	20·5	24·8	**27·6**	30·2	**33·4**	35·7	17
18	6·26	7·01	8·23	9·39	10·86	13·68	17·34	21·6	26·0	**28·9**	31·5	**34·8**	37·2	18
19	6·84	7·63	8·91	10·12	11·65	14·56	18·34	22·7	27·2	**30·1**	32·9	**36·2**	38·6	19
20	7·43	8·26	9·59	10·85	12·44	15·45	19·34	23·8	28·4	**31·4**	34·2	**37·6**	40·0	20
21	8·03	8·90	10·28	11·59	13·24	16·34	20·3	24·9	29·6	**32·7**	35·5	**38·9**	41·4	21
22	8·64	9·54	10·98	12·34	14·04	17·24	21·3	26·0	30·8	**33·9**	36·8	**40·3**	42·8	22
23	9·26	10·20	11·69	13·09	14·85	18·14	22·3	27·1	32·0	**35·2**	38·1	**41·6**	44·2	23
24	9·89	10·86	12·40	13·85	15·66	19·04	23·3	28·2	33·2	**36·4**	39·4	**43·0**	45·6	24
25	10·52	11·52	13·12	14·61	16·47	19·94	24·3	29·3	34·4	**37·7**	40·6	**44·3**	46·9	25
26	11·16	12·20	13·84	15·38	17·29	20·8	25·3	30·4	35·6	**38·9**	41·9	**45·6**	48·3	26
27	11·81	12·88	14·57	16·15	18·11	21·7	26·3	31·5	36·7	**40·1**	43·2	**47·0**	49·6	27
28	12·46	13·56	15·31	16·93	18·94	22·7	27·3	32·6	37·9	**41·3**	44·5	**48·3**	51·0	28
29	13·12	14·26	16·05	17·71	19·77	23·6	28·3	33·7	39·1	**42·6**	45·7	**49·6**	52·3	29
30	13·79	14·95	16·79	18·49	20·6	24·5	29·3	34·8	40·3	**43·8**	47·0	**50·9**	53·7	30
40	20·7	22·2	24·4	26·5	29·1	33·7	39·3	45·6	51·8	**55·8**	59·3	**63·7**	66·8	40
50	28·0	29·7	32·4	34·8	37·7	42·9	49·3	56·3	63·2	**67·5**	71·4	**76·2**	79·5	50
60	35·5	37·5	40·5	43·2	46·5	52·3	59·3	67·0	74·4	**79·1**	83·3	**88·4**	92·0	60
70	43·3	45·4	48·8	51·7	55·3	61·7	69·3	77·6	85·5	**90·5**	95·0	**100·4**	104·2	70
80	51·2	53·5	57·2	60·4	64·3	71·1	79·3	88·1	96·6	**101·9**	106·6	**112·3**	116·3	80
90	59·2	61·8	65·6	69·1	73·3	80·6	89·3	98·6	107·6	**113·1**	118·1	**124·1**	128·3	90
100	67·3	70·1	74·2	77·9	82·4	90·1	99·3	109·1	118·5	**124·3**	129·6	**135·8**	140·2	100
y_P	−2·58	−2·33	−1·96	−1·64	−1·28	−0·674	0·000	0·674	1·282	**1·645**	1·960	**2·33**	2·58	y_P

注 表から読んだ値を $\chi^2(\phi, P)$, $\chi^2_P(\phi)$, $\chi^2_\phi(P)$ などと記すことがある．

例1． $\phi = 10$, $P = 0·05$ に対する χ^2 の値は 18·31 である．これは自由度 10 のカイ二乗分布に従う確率変数が 18·31 以上の値をとる確率が 5％であることを示す．

例2． $\phi = 54$, $P = 0·01$ に対する χ^2 の値は，$\phi = 60$ に対する値と $\phi = 50$ に対する値とを用いて，$88·4 \times 0·4 + 76·2 \times 0·6 = 81·1$ として求める．

例3． $\phi = 145$, $P = 0·05$ に対する χ^2 の値は，Fisher の近似式を用いて，$\dfrac{1}{2}(y_P + \sqrt{2\phi - 1})^2 = \dfrac{1}{2}(1·645 + \sqrt{289})^2 = 173·8$ として求める．（y_P は表の下端にある．）

（出典） 森口繁一，日科技連数値表委員会編：『新編 日科技連数値表—第2版—』，p. 8，日科技連出版社，2009年．

160 付表

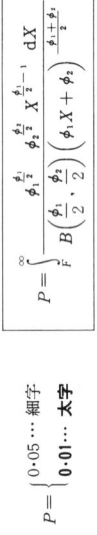

6. F 表 (5%, 1%)

$$F(\phi_1, \phi_2; P) \qquad P = \begin{cases} 0.05 \cdots \text{細字} \\ 0.01 \cdots \textbf{太字} \end{cases}$$

$$P = \int_F^\infty \frac{X^{\frac{\phi_1}{2}-1}}{B\left(\frac{\phi_1}{2}, \frac{\phi_2}{2}\right)} \frac{\phi_1^{\frac{\phi_1}{2}} \phi_2^{\frac{\phi_2}{2}}}{(\phi_1 X + \phi_2)^{\frac{\phi_1+\phi_2}{2}}} dX$$

(分子の自由度 ϕ_1, 分母の自由度 ϕ_2 から，上側確率 5% および 1% に対する F の値を求める表) (細字は 5%, **太字は 1%**)

ϕ_2 \ ϕ_1	1	2	3	4	5	6	7	8	9	10	12	15	20	24	30	40	60	120	∞
1	161· **4052·**	200· **5000·**	216· **5403·**	225· **5625·**	230· **5764·**	234· **5859·**	237· **5928·**	239· **5981·**	241· **6022·**	242· **6056·**	244· **6106·**	246· **6157·**	248· **6209·**	249· **6235·**	250· **6261·**	251· **6287·**	252· **6313·**	253· **6339·**	254· **6366·**
2	18·5 **98·5**	19·0 **99·2**	19·2 **99·2**	19·2 **99·2**	19·3 **99·3**	19·3 **99·3**	19·4 **99·4**	19·4 **99·4**	19·4 **99·4**	19·4 **99·4**	19·4 **99·4**	19·4 **99·4**	19·4 **99·4**	19·5 **99·5**	19·5 **99·5**	19·5 **99·5**	19·5 **99·5**	19·5 **99·5**	19·5 **99·5**
3	10·1 **34·1**	9·55 **30·8**	9·28 **29·5**	9·12 **28·7**	9·01 **28·2**	8·94 **27·9**	8·89 **27·7**	8·85 **27·5**	8·81 **27·3**	8·79 **27·2**	8·74 **27·1**	8·70 **26·9**	8·66 **26·7**	8·64 **26·6**	8·62 **26·5**	8·59 **26·4**	8·57 **26·3**	8·55 **26·2**	8·53 **26·1**
4	7·71 **21·2**	6·94 **18·0**	6·59 **16·7**	6·39 **16·0**	6·26 **15·5**	6·16 **15·2**	6·09 **15·0**	6·04 **14·8**	6·00 **14·7**	5·96 **14·5**	5·91 **14·4**	5·86 **14·2**	5·80 **14·0**	5·77 **13·9**	5·75 **13·8**	5·72 **13·7**	5·69 **13·7**	5·66 **13·6**	5·63 **13·5**
5	6·61 **16·3**	5·79 **13·3**	5·41 **12·1**	5·19 **11·4**	5·05 **11·0**	4·95 **10·7**	4·88 **10·5**	4·82 **10·3**	4·77 **10·2**	4·74 **10·1**	4·68 **9·89**	4·62 **9·72**	4·56 **9·55**	4·53 **9·47**	4·50 **9·38**	4·46 **9·29**	4·43 **9·20**	4·40 **9·11**	4·36 **9·02**
6	5·99 **13·7**	5·14 **10·9**	4·76 **9·78**	4·53 **9·15**	4·39 **8·75**	4·28 **8·47**	4·21 **8·26**	4·15 **8·10**	4·10 **7·98**	4·06 **7·87**	4·00 **7·72**	3·94 **7·56**	3·87 **7·40**	3·84 **7·31**	3·81 **7·23**	3·77 **7·14**	3·74 **7·06**	3·70 **6·97**	3·67 **6·88**
7	5·59 **12·2**	4·74 **9·55**	4·35 **8·45**	4·12 **7·85**	3·97 **7·46**	3·87 **7·19**	3·79 **6·99**	3·73 **6·84**	3·68 **6·72**	3·64 **6·62**	3·57 **6·47**	3·51 **6·31**	3·44 **6·16**	3·41 **6·07**	3·38 **5·99**	3·34 **5·91**	3·30 **5·82**	3·27 **5·74**	3·23 **5·65**
8	5·32 **11·3**	4·46 **8·65**	4·07 **7·59**	3·84 **7·01**	3·69 **6·63**	3·58 **6·37**	3·50 **6·18**	3·44 **6·03**	3·39 **5·91**	3·35 **5·81**	3·28 **5·67**	3·22 **5·52**	3·15 **5·36**	3·12 **5·28**	3·08 **5·20**	3·04 **5·12**	3·01 **5·03**	2·97 **4·95**	2·93 **4·86**
9	5·12 **10·6**	4·26 **8·02**	3·86 **6·99**	3·63 **6·42**	3·48 **6·06**	3·37 **5·80**	3·29 **5·61**	3·23 **5·47**	3·18 **5·35**	3·14 **5·26**	3·07 **5·11**	3·01 **4·96**	2·94 **4·81**	2·90 **4·73**	2·86 **4·65**	2·83 **4·57**	2·79 **4·48**	2·75 **4·40**	2·71 **4·31**
10	4·96 **10·0**	4·10 **7·56**	3·71 **6·55**	3·48 **5·99**	3·33 **5·64**	3·22 **5·39**	3·14 **5·20**	3·07 **5·06**	3·02 **4·94**	2·98 **4·85**	2·91 **4·71**	2·85 **4·56**	2·77 **4·41**	2·74 **4·33**	2·70 **4·25**	2·66 **4·17**	2·62 **4·08**	2·58 **4·00**	2·54 **3·91**
11	4·84 **9·65**	3·98 **7·21**	3·59 **6·22**	3·36 **5·67**	3·20 **5·32**	3·09 **5·07**	3·01 **4·89**	2·95 **4·74**	2·90 **4·63**	2·85 **4·54**	2·79 **4·40**	2·72 **4·25**	2·65 **4·10**	2·61 **4·02**	2·57 **3·94**	2·53 **3·86**	2·49 **3·78**	2·45 **3·69**	2·40 **3·60**
12	4·75 **9·33**	3·89 **6·93**	3·49 **5·95**	3·26 **5·41**	3·11 **5·06**	3·00 **4·82**	2·91 **4·64**	2·85 **4·50**	2·80 **4·39**	2·75 **4·30**	2·69 **4·16**	2·62 **4·01**	2·54 **3·86**	2·51 **3·78**	2·47 **3·70**	2·43 **3·62**	2·38 **3·54**	2·34 **3·45**	2·30 **3·36**
13	4·67 **9·07**	3·81 **6·70**	3·41 **5·74**	3·18 **5·21**	3·03 **4·86**	2·92 **4·62**	2·83 **4·44**	2·77 **4·30**	2·71 **4·19**	2·67 **4·10**	2·60 **3·96**	2·53 **3·82**	2·46 **3·66**	2·42 **3·59**	2·38 **3·51**	2·34 **3·43**	2·30 **3·34**	2·25 **3·25**	2·21 **3·17**
14	4·60 **8·86**	3·74 **6·51**	3·34 **5·56**	3·11 **5·04**	2·96 **4·69**	2·85 **4·46**	2·76 **4·28**	2·70 **4·14**	2·65 **4·03**	2·60 **3·94**	2·53 **3·80**	2·46 **3·66**	2·39 **3·51**	2·35 **3·43**	2·31 **3·35**	2·27 **3·27**	2·22 **3·18**	2·18 **3·09**	2·13 **3·00**
15	4·54 **8·68**	3·68 **6·36**	3·29 **5·42**	3·06 **4·89**	2·90 **4·56**	2·79 **4·32**	2·71 **4·14**	2·64 **4·00**	2·59 **3·89**	2·54 **3·80**	2·48 **3·67**	2·40 **3·52**	2·33 **3·37**	2·29 **3·29**	2·25 **3·21**	2·20 **3·13**	2·16 **3·05**	2·11 **2·96**	2·07 **2·87**

付　表　161

ϕ_1 \ ϕ_2	1	2	3	4	5	6	7	8	9	10	12	15	20	24	30	40	60	120	∞	
16	4.49 8.53	3.63 6.23	3.24 5.29	3.01 4.77	2.85 4.44	2.74 4.20	2.66 4.03	2.59 3.89	2.54 3.78	2.49 3.69	2.42 3.55	2.35 3.41	2.28 3.26	2.24 3.18	2.19 3.10	2.15 3.02	2.11 2.93	2.06 2.84	2.01 2.75	16
17	4.45 8.40	3.59 6.11	3.20 5.18	2.96 4.67	2.81 4.34	2.70 4.10	2.61 3.93	2.55 3.79	2.49 3.68	2.45 3.59	2.38 3.46	2.31 3.31	2.23 3.16	2.19 3.08	2.15 3.00	2.10 2.92	2.06 2.83	2.01 2.75	1.96 2.65	17
18	4.41 8.29	3.55 6.01	3.16 5.09	2.93 4.58	2.77 4.25	2.66 4.01	2.58 3.84	2.51 3.71	2.46 3.60	2.41 3.51	2.34 3.37	2.27 3.23	2.19 3.08	2.15 3.00	2.11 2.92	2.06 2.84	2.02 2.75	1.97 2.66	1.92 2.57	18
19	4.38 8.18	3.52 5.93	3.13 5.01	2.90 4.50	2.74 4.17	2.63 3.94	2.54 3.77	2.48 3.63	2.42 3.52	2.38 3.43	2.31 3.30	2.23 3.15	2.16 3.00	2.11 2.92	2.07 2.84	2.03 2.76	1.98 2.67	1.93 2.58	1.88 2.49	19
20	4.35 8.10	3.49 5.85	3.10 4.94	2.87 4.43	2.71 4.10	2.60 3.87	2.51 3.70	2.45 3.56	2.39 3.46	2.35 3.37	2.28 3.23	2.20 3.09	2.12 2.94	2.08 2.86	2.04 2.78	1.99 2.69	1.95 2.61	1.90 2.52	1.84 2.42	20
21	4.32 8.02	3.47 5.78	3.07 4.87	2.84 4.37	2.68 4.04	2.57 3.81	2.49 3.64	2.42 3.51	2.37 3.40	2.32 3.31	2.25 3.17	2.18 3.03	2.10 2.88	2.05 2.80	2.01 2.72	1.96 2.64	1.92 2.55	1.87 2.46	1.81 2.36	21
22	4.30 7.95	3.44 5.72	3.05 4.82	2.82 4.31	2.66 3.99	2.55 3.76	2.46 3.59	2.40 3.45	2.34 3.35	2.30 3.26	2.23 3.12	2.15 2.98	2.07 2.83	2.03 2.75	1.98 2.67	1.94 2.58	1.89 2.50	1.84 2.40	1.78 2.31	22
23	4.28 7.88	3.42 5.66	3.03 4.76	2.80 4.26	2.64 3.94	2.53 3.71	2.45 3.54	2.38 3.41	2.32 3.30	2.27 3.21	2.20 3.07	2.13 2.93	2.05 2.78	2.01 2.70	1.96 2.62	1.91 2.54	1.86 2.45	1.81 2.35	1.76 2.26	23
24	4.26 7.82	3.40 5.61	3.01 4.72	2.78 4.22	2.62 3.90	2.51 3.67	2.42 3.50	2.36 3.36	2.30 3.26	2.25 3.17	2.18 3.03	2.11 2.89	2.03 2.74	1.98 2.66	1.94 2.58	1.89 2.49	1.84 2.40	1.79 2.31	1.73 2.21	24
25	4.24 7.77	3.39 5.57	2.99 4.68	2.76 4.18	2.60 3.85	2.49 3.63	2.40 3.46	2.34 3.32	2.28 3.22	2.24 3.13	2.16 2.99	2.09 2.85	2.01 2.70	1.96 2.62	1.92 2.54	1.87 2.45	1.82 2.36	1.77 2.27	1.71 2.17	25
26	4.23 7.72	3.37 5.53	2.98 4.64	2.74 4.14	2.59 3.82	2.47 3.59	2.39 3.42	2.32 3.29	2.27 3.18	2.22 3.09	2.15 2.96	2.07 2.81	1.99 2.66	1.95 2.58	1.90 2.50	1.85 2.42	1.80 2.33	1.75 2.23	1.69 2.13	26
27	4.21 7.68	3.35 5.49	2.96 4.60	2.73 4.11	2.57 3.78	2.46 3.56	2.37 3.39	2.31 3.26	2.25 3.15	2.20 3.06	2.13 2.93	2.06 2.78	1.97 2.63	1.93 2.55	1.88 2.47	1.84 2.38	1.79 2.29	1.73 2.20	1.67 2.10	27
28	4.20 7.64	3.34 5.45	2.95 4.57	2.71 4.07	2.56 3.75	2.45 3.53	2.36 3.36	2.29 3.23	2.24 3.12	2.19 3.03	2.12 2.90	2.04 2.75	1.96 2.60	1.91 2.52	1.87 2.44	1.82 2.35	1.77 2.26	1.71 2.17	1.65 2.06	28
29	4.18 7.60	3.33 5.42	2.93 4.54	2.70 4.04	2.55 3.73	2.43 3.50	2.35 3.33	2.28 3.20	2.22 3.09	2.18 3.00	2.10 2.87	2.03 2.73	1.94 2.57	1.90 2.49	1.85 2.41	1.81 2.33	1.75 2.23	1.70 2.14	1.64 2.03	29
30	4.17 7.56	3.32 5.39	2.92 4.51	2.69 4.02	2.53 3.70	2.42 3.47	2.33 3.30	2.27 3.17	2.21 3.07	2.16 2.98	2.09 2.84	2.01 2.70	1.93 2.55	1.89 2.47	1.84 2.39	1.79 2.30	1.74 2.21	1.68 2.11	1.62 2.01	30
40	4.08 7.31	3.23 5.18	2.84 4.31	2.61 3.83	2.45 3.51	2.34 3.29	2.25 3.12	2.18 2.99	2.12 2.89	2.08 2.80	2.00 2.66	1.92 2.52	1.84 2.37	1.79 2.29	1.74 2.20	1.69 2.11	1.64 2.02	1.58 1.92	1.51 1.80	40
60	4.00 7.08	3.15 4.98	2.76 4.13	2.53 3.65	2.37 3.34	2.25 3.12	2.17 2.95	2.10 2.82	2.04 2.72	1.99 2.63	1.92 2.50	1.84 2.35	1.75 2.20	1.70 2.12	1.65 2.03	1.59 1.94	1.53 1.84	1.47 1.73	1.39 1.60	60
120	3.92 6.85	3.07 4.79	2.68 3.95	2.45 3.48	2.29 3.17	2.18 2.96	2.09 2.79	2.02 2.66	1.96 2.56	1.91 2.47	1.83 2.34	1.75 2.19	1.66 2.03	1.61 1.95	1.55 1.86	1.50 1.76	1.43 1.66	1.35 1.53	1.25 1.38	120
∞	3.84 6.63	3.00 4.61	2.60 3.78	2.37 3.32	2.21 3.02	2.10 2.80	2.01 2.64	1.94 2.51	1.88 2.41	1.83 2.32	1.75 2.18	1.67 2.04	1.57 1.88	1.52 1.79	1.46 1.70	1.39 1.59	1.32 1.47	1.22 1.32	1.00 1.00	∞
ϕ_1 \ ϕ_2	1	2	3	4	5	6	7	8	9	10	12	15	20	24	30	40	60	120	∞	

例1. 自由度 $\phi_1=5$, $\phi_2=10$ の F 分布の（上側）5％の点は 3.33, 1％の点は 5.64 である.

例2. 自由度 (5, 10) の F 分布の下側 5％の点を求めるには $\phi_1=10$, $\phi_2=5$ に対して表を読んで 4.74 を得, その逆数をとって 1/4.74 とする.

注 自由度の大きいところでの補間は $120/\phi$ を用いる1次補間による.

(出典) 森口繁一, 日科技連数値表委員会編：『新編 日科技連数値表—第2版—』, p. 10, p. 11, 日科技連出版社, 2009年.

7. r 表

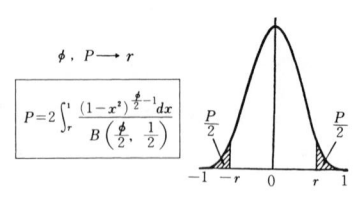

$$P = 2\int_r^1 \frac{(1-x^2)^{\frac{\phi}{2}-1}dx}{B\left(\frac{\phi}{2}, \frac{1}{2}\right)}$$

$\phi, P \longrightarrow r$

(自由度 ϕ の r の両側確率 P の点)

ϕ \ P	0·10	0·05	0·02	0·01
10	·4973	·5760	·6581	·7079
11	·4762	·5529	·6339	·6835
12	·4575	·5324	·6120	·6614
13	·4409	·5140	·5923	·6411
14	·4259	·4973	·5742	·6226
15	·4124	·4821	·5577	·6055
16	·4000	·4683	·5425	·5897
17	·3887	·4555	·5285	·5751
18	·3783	·4438	·5155	·5614
19	·3687	·4329	·5034	·5487
20	·3598	·4227	·4921	·5368
25	·3233	·3809	·4451	·4869
30	·2960	·3494	·4093	·4487
35	·2746	·3246	·3810	·4182
40	·2573	·3044	·3578	·3932
50	·2306	·2732	·3218	·3542
60	·2108	·2500	·2948	·3248
70	·1954	·2319	·2737	·3017
80	·1829	·2172	·2565	·2830
90	·1726	·2050	·2422	·2673
100	·1638	·1946	·2301	·2540
近似式	$\frac{1\cdot 645}{\sqrt{\phi+1}}$	$\frac{1\cdot 960}{\sqrt{\phi+1}}$	$\frac{2\cdot 326}{\sqrt{\phi+2}}$	$\frac{2\cdot 576}{\sqrt{\phi+3}}$

例 自由度 $\phi=30$ の場合の両側 5% の点は 0·3494 である．
この表から読んだ値を $r(\phi, P)$ と記す．

(出典) 森口繁一，日科技連数値表委員会編：『新編 日科技連数値表—第 2 版—』，p. 20，日科技連出版社，2009 年．

参考文献

【1．書籍】
[1] 安藤貞一，田坂誠男，『実験計画法入門』，日科技連出版社，1986.
[2] 荒木孝治編，『RとRコマンダーではじめる実験計画法』，日科技連出版社，2010.
[3] 伊丹敬之，加護野 忠男，『ゼミナール 経営学入門 第3版』，日本経済新聞社，2003.
[4] 猪原正守，今里健一郎編著，『経営課題改善実践マニュアル 魅力的な課題達成法を目指して』，日本規格協会，2003.
[5] 猪原正守，『管理者・スタッフからQCサークルまでの問題解決に役立つ 新QC七つ道具入門』，日科技連出版社，2009.
[6] 久恒啓一，『図解で身につく！ドラッカーの理論』，中経出版，2010.
[7] 棚部得博編著，『読みこなし・使いこなし・活用自在 マーケティングがわかる事典』，日本実業出版社，2000.
[8] 新村出，『広辞苑 第六版』，岩波書店，2008.
[9] 永田靖，『入門 統計解析法』，日科技連出版社，1992.
[10] 永田靖，『統計的方法のしくみ』，日科技連出版社，1996.
[11] 永田靖，『入門 実験計画法』，日科技連出版社，2000.
[12] 永田靖・棟近雅彦，『多変量解析入門』，サイエンス社，2001.
[13] 日科技連官能検査委員会編，『新版 官能検査ハンドブック』，日科技連出版社，1973.
[14] 二見良治，西敏明，『継続的改善のためのExcel統計解析講座2 必須 統計解析の基礎』，日科技連出版社，2001.
[15] 二見良治，西敏明，『継続的改善のためのExcel統計解析講座3 課題解決のための実験計画法Ⅰ』，日科技連出版社，2001.
[16] 二見良治，西敏明，『継続的改善のためのExcel統計解析講座4 課題解決のための実験計画法Ⅱ』，日科技連出版社，2002.
[17] 細谷克也，『QC的ものの見方・考え方』，日科技連出版社，1984.

［18］　森口繁一，日科技連数値表委員会編，『新編　日科技連数値表―第2版―』，日科技連出版社，2009．

【2．ウェブサイト Website】
［1］　総務省　統計局・政策統括官(統計基準担当)・統計研修所ホームページ
　　　http://www.stat.go.jp/
［2］　文部科学省ホームページ　http://www.mext.go.jp/

索　引

【英数字】

AVERAGE　7
Control　20
CORREL　14
COVAR　14
DEVSQ　8
Excel 関数　149
hypothesis　61
JUSE-StatWorks　149
lower confidence limit　61
MAX　10
MEDIAN　7
MIN　10
MODE　8
normal bivariate distribution　112
PDPC 法　52, 147
QC　20
QC 的ものの見方・考え方　20
Quality　20
R　149
r　14
Statistical　20
STDEV　10
Total　20
upper confidence limit　61
VAR　9

【あ　行】

アローダイヤグラム　52
一元配置法　89

【か　行】

回帰分析　119
確率　57
仮説検定　58
頑健性　147
官能評価　51
管理の考え方・改善の考え方　20
棄却域　38
規準化残差　45
擬相関(偽相関)　112
期待度数　45, 49
帰無仮説 H_0　37, 59
キャッシュフロー計算書　32
共分散　13
局所管理　86
区間推定　61, 136
繰り返し　85
経営　2
経済統計　28
計数値　36, 58
計数値データ　36
系統図　52

計量値　　36, 58
欠点数　　37
言語データ　　36, 52
検定　　58
検定統計量　　38
交互作用　　93
国勢調査　　55
誤差　　89
小分け　　86

【さ　行】

再現性　　147
最頻値　　7
財務三表　　31
三元配置法　　89
散布図　　110, 113
サンプル　　4
サンプルの大きさ　　4
実験の場　　89
尺度　　51
修正項　　8
主効果　　89
従属　　112
自由度　　8, 89
商圏　　58
試料　　4
試料相関係数　　115
新QC七つ道具　　52
信頼性工学　　147
親和図　　52, 55, 147

推測　　58
推定　　58
数値データ　　36
数値化データ　　36, 51
相関関係　　110
相関係数　　13, 14
相関分析　　112
増減法　　140
総合的な考え方　　20
層別因子　　134
損益計算書　　31

【た　行】

貸借対照表　　31
対立仮説 H_1　　37, 60
ダミー変数　　134
多面的判断　　147
中央値　　7
適合度　　44
点推定　　61
統計関数　　149
統計局　　55
統計的な考え方　　20
統計的推測　　58
統計量　　6

【な　行】

二元配置法　　89
二項分布　　37
2次元正規分布　　112

【は　行】

範囲　　10
ビジネス　　2
左片側検定　　37
標準誤差　　11
標準偏差　　9
品質管理　　20
フィッシャー　　85
不適合品率　　36
不適合率　　36
不偏分散　　9
不良率　　37
分割表　　47, 48
分散分析　　85
分析ツール　　14, 130, 149
平均値　　6
平均平方　　87
平方和　　8
変動係数　　10
ポアソン分布　　37
母回帰　　125
母回帰係数(β_1)　　124
母集団　　4

保証の考え方　　20
母切片(β'_0)　　124

【ま　行】

マーケティング　　28
マクロ　　18
マトリックス図　　52
マトリックスデータ解析法　　52
右片側検定　　37
ミクロ　　18
無作為化　　85
メディアン　　7

【や　行】

要因効果　　89
有意水準　　37

【ら　行】

ランダム化　　85
ランダムサンプリング　　4
ランダムサンプル　　4
両側検定　　37
連関図　　52, 55, 147

著者紹介

西　敏明（にし　としあき）

1965 年　徳島県に生まれる
1988 年　近畿大学農学部卒業
1994 年　大阪市立大学大学院理学研究科後期博士課程修了
現　在　岡山商科大学経営学部教授，博士（理学）

ビジネスのための経営統計学入門

2011 年 4 月 29 日　第 1 刷発行
2022 年 2 月 18 日　第 2 刷発行

著　者　西　　敏　明
発行人　戸　羽　節　文

発行所　株式会社　日科技連出版社
〒151-0051　東京都渋谷区千駄ケ谷 5-15-5
DS ビル
電話　出版　03-5379-1244
　　　営業　03-5379-1238

印刷・製本　三　秀　舎

検印省略

Printed in Japan

©Toshiaki Nishi 2011　　　　　　　ISBN 978-4-8171-9386-5
URL http://www.juse-p.co.jp/

本書の全部または一部を無断でコピー，スキャン，デジタル化などの複製をすることは著作権法上での例外を除き禁じられています．本書を代行業者等の第三者に依頼してスキャンやデジタル化することは，たとえ個人や家庭内での利用でも著作権法違反です．